AVI PRIMOR
Bedrohtes Israel

AVI PRIMOR

BEDROHTES ISRAEL

Ein Land im
Ausnahmezustand

QUADRIGA

Originalausgabe
Copyright © 2024 by
Bastei Lübbe AG, Schanzenstraße 6–20, 51063 Köln

Vervielfältigungen dieses Werkes für das Text- und
Data-Mining bleiben vorbehalten.

Textredaktion: Burkard Miltenberger, Berlin
Umschlaggestaltung: Massimo Peter-Bille
Einband-/Umschlagmotiv: © Ilan Ejzykowicz/shutterstock
Satz: hanseatenSatz-bremen, Bremen
Gesetzt aus der Adobe Caslon Pro
Druck und Verarbeitung: GGP Media GmbH, Pößneck

Printed in Germany
ISBN 978-3-86995-143-0

5   4   3   2   1

Sie finden uns im Internet unter quadriga-verlag.de
Bitte beachten Sie auch: lesejury.de

Inhalt

1.
Erneutes Trauma nach 50 Jahren

Krieg im Nahen Osten.

Am 6. Oktober 1973 wurde Israel völlig überraschend von der ägyptischen Armee angegriffen, die den Suez-Kanal überquert hatte. Der Kanal war seit der Eroberung seines Ostufers von Israel im »Sechstagekrieg« im Jahr 1967 blockiert. Der 6. Oktober 1973 fällt auf Jom Kippur, den heiligsten Tag des jüdischen Volkes. Die meisten Soldaten, die in den Verteidigungsstellungen entlang des Kanals saßen, machten Urlaub in Israel, weit außerhalb der von Israel besetzten Sinai-Halbinsel. Die stark reduzierte israelische Streitkraft, die in den befestigten Stellungen entlang der gesamten Länge des Kanals auf dem Ostufer verblieb, war so klein und dermaßen unvorbereitet, dass sie sich, abgesehen von zwei geschützten Stellungen, nicht nennenswert verteidigen konnte und vollständig in die Hände der Ägypter fiel.

Zusätzlich zu der Katastrophe, die dieser ägyptische Überraschungsangriff für Israel bedeutete, erlebten die Verteidiger des Ostufers des Kanals eine weitere tragische Überraschung, über die man in Israel nicht gerne sprechen möchte: Als Israel im Juni 1967 das Ostufer des Kanals besetzte, führte dies dazu, dass der Kanal sofort für den gesamten Verkehr gesperrt wurde. Die israelische Armee sorgte dafür, dass keine Streitmacht den Kanal von der West- zur Ostseite überqueren konnte. Entlang der östlichen Länge des Kanals wurde eine Treibstoffleitung gebaut, die die israelische Armee im Notfall in Brand stecken sollte, sodass der Kanal auf seiner gesamten Breite in Flammen stehen und jede Möglichkeit einer Überquerung verhindert würde. Leider funktionierte diese Treibstoffleitung einfach nicht, als die israelischen Verteidiger am 6. Oktober 1973 versuchten, sie anzuzünden. Warum? Hierzu gibt es verschiedene Versionen. Manche sagen, die Leitung sei außer Betrieb gewesen, weil sie jahrelang nicht gewartet, gepflegt oder gereinigt worden sei. Andere behaupten, es sei einfach kein Treibstoff drin gewesen. So oder so – sie funktionierte einfach nicht.

Es war klar, dass niemand in Israel einen Krieg erwartet hatte und keiner sich vorstellen konnte, dass eine Kriegsgefahr bestand. Wer sollte uns schon angreifen? Unsere arabischen Nachbarn, die 1967 allesamt von uns geschlagen wurden? Undenkbar! Würden sie es wagen, gegen uns, die großen siegreichen Helden, noch einmal vorzugehen? In Israel herrschten Arroganz und Selbstzufriedenheit auf eine Weise, die sich jeder Logik entzieht. Friedensinitiativen des ägyptischen Präsidenten Anwar as-Sadat, in denen er die Rückgabe aller Gebiete forderte, die Israel 1967 von Ägypten erobert hatte, wurden abgelehnt. Und das, obwohl er im Gegenzug zum ersten Mal einen völligen Frieden zwischen Ägypten und Israel anbot.

Warum kam also der Jom-Kippur-Krieg 1973 für Israel völlig überraschend?

In diesem Jahr diente ich in der israelischen Botschaft in Paris. Etwa zehn Tage vor Kriegsausbruch traf dort Premierministerin Golda Meir ein. Sie kam, um an der Sozialistischen Internationale teilzunehmen. Das Sicherheitspersonal entschied, dass sie im Haus des Botschafters wohnen sollte. Die Verbindung zwischen ihr und Jerusalem wurde durch verschlüsselte Telegramme gewährleistet, die ihr über die Botschaft zugesandt wurden. Mir wurde die Aufgabe übertragen, ihr dreimal täglich die entschlüsselten Telegramme von der Botschaft zum Haus des Botschafters zu überbringen. Im vierten Stock der Botschaft erhielt ich einen versiegelten Umschlag mit den Telegrammen für die Premierministerin. Damit sie diese lesen konnte, waren die Telegramme im Umschlag bereits entschlüsselt. Ich ging also mit dem verschlossenen Umschlag zunächst in mein Zimmer im zweiten Stock. Dort öffnete ich ihn, las die Telegramme, versiegelte den Umschlag noch einmal und fuhr zum Haus des Botschafters. Dort wartete ich, bis Frau Meir mit dem Lesen des Materials fertig war und mir einen weiteren Umschlag mit ihren Antworten überreichte. Auf dem Rückweg zur Niederlassung des Auswärtigen Amtes in der Botschaft traute ich mich nicht, den Umschlag von Golda Meir zu öffnen. Ich hatte Angst, dass die Profis, die dortigen Mitarbeiter, bemerken würden, dass der Umschlag »manipuliert« wurde.

Die Telegramme, die die Premierministerin erhielt, waren voller Befürchtungen vor einem Krieg, den die Ägypter gegen uns vorbereiteten. Sie alle basierten auf Geheimdienstmaterial und kamen fast ohne zusätzliche Kommentare aus. Ich empfand das als beunruhigend, aber als ich im Wohnzimmer des Botschafterhauses vor Frau Meir saß und ihre Ruhe sah, entspannte ich mich. Sie las die Nachrichten, ohne sich weiter zu äußern. Einige der Telegramme übergab sie dem Botschafter Asher »Arthur« Ben-Natan zum Lesen. Irgendwann fragte der Botschafter, ob sie sich wegen der Berichte Sorgen mache. Darauf antwortete sie in einem spöttisch-zynischen Ton: »Wenn Moshe Dayan ›der Große‹ (der damalige israelische Verteidigungsminister) sagt, dass es keinen Grund zur Sorge gibt, warum sollte ich mir dann Sorgen machen?«

Was die Ministerpräsidentin damals am meisten beschäftigte und ärgerte, war der österreichische Bundeskanzler Bruno Kreisky. Es ging um Einwanderer aus der Sowjetunion, die auf dem Weg nach Israel einige Tage in Wien verbrachten. Der Grund dafür war, dass die Behörden in Moskau endlich beschlossen hatten, einer begrenzten Anzahl von Juden die Ausreise aus der Sowjetunion zu erlauben, jedoch unter der Bedingung, dass sie nicht nach Israel kommen würden. Kreisky stimmte zu, das sowjetische Spiel mitzuspielen und so zu tun, als würden die Juden nur nach Österreich ausreisen. Natürlich wussten die Sowjets sehr gut, dass die Juden nur für ein paar Tage in Wien bleiben und dann weiter nach Israel ziehen würden. Sie wussten auch, dass die Juden nirgendwo anders ein Einwanderungsvisum bekommen konnten. Aus internen Gründen war es den Sowjets allerdings genehm, am österreichisch-israelischen Maskenball teilzunehmen. Dann ereignete sich ein schwerer Zwischenfall: Ein Zug, der Juden aus der Sowjetunion nach Wien transportierte, wurde von palästinensischen Terroristen angegriffen, und es wurde Blut vergossen. Kreisky entschied, dass es zu gefährlich sei, die Juden in einem Lager unterzubringen. Er ordnete die Unterbringung an verschiedenen Orten rund um Wien an und schloss das Durchgangslager. Golda Meir verstand darunter die Blockade der österreichischen Transitstation, also die Versperrung des Weges aus der Sowjetunion. Das war das eigentliche Thema, das sie während ihres Aufenthaltes in Frankreich beschäftigte. Sie beschloss, ihre Reiseroute zu ändern und Frankreich in Richtung Österreich zu verlassen, um sich mit dem Kanzler zu treffen. Bei ihrem Besuch in Wien war ich nicht mehr anwesend. Dort wurde sie von Leuten unserer Botschaft in Österreich begleitet.

Am sechsten November, wenige Tage nachdem wir uns von Frau Meir in Frankreich verabschiedet hatten, hörten wir bestürzt vom Ausbruch des Krieges, der später als »Jom-Kippur-Krieg« bezeichnet wurde. Ich erinnerte mich an die geheimen Telegramme, die ich von der Botschaft in Paris nur wenige Tage zuvor zur Residenz der Premierministerin gebracht hatte, und war äußerst erregt. Nicht nur der Ausbruch der Feindseligkeiten erregte mich, wie uns alle. Die Tatsache, dass die Telegramme beinahe exakt den Ausbruch des Krieges vorhergesagt hatten und ich die Gleichgültigkeit der Premierministerin miterlebte – was ich natürlich niemandem erzählen durfte –, war ein doppelter Schock.

Das Letzte, was ich mir hätte vorstellen können, ist, dass fünfzig Jahre und einen Tag später, erneut an einem jüdischen Feiertag, das gleiche Trauma mich wieder heimsuchen würde.

2.

Das seltsamste Land der Welt

Es gibt kein Land auf der Welt, das so seltsam und einzigartig ist wie der Staat Israel, und es gibt und hat auch nie ein so seltsames und besonderes Volk wie das jüdische Volk gegeben.

Am 14. Mai 1948 erklärte der Staat Israel seine Unabhängigkeit. Es handelte sich nicht um einen beliebigen Akt, der auf einer einseitigen Entscheidung, auf selbstsüchtiger Willkür beruhte. Die Juden der britischen Mandatskolonie Palästina stellten ihren Unabhängigkeitskampf gegen die Briten erst nach der UN-Resolution vom 29. November 1947 ein. Diese beendete das britische Mandat und teilte das Gebiet in drei Teile: Ein Teil wurde einem jüdischen Staat zugewiesen, ein ähnlicher Teil einem arabischen Staat, während die Stadt Jerusalem der internationalen Herrschaft unterstellt werden sollte.

Die Juden Palästinas und weitgehend die Juden der ganzen Welt nahmen die Entscheidung der Vereinten Nationen mit beispielloser Freude und mitreißender Begeisterung an, während die arabischen Länder und die dortige Bevölkerung sie strikt ablehnten. Doch sie gaben sich nicht mit verbalem Protest zufrieden, sondern zogen sofort in den Krieg mit dem erklärten Ziel, den dreigliedrigen Bund, den die UN-Versammlung errichten wollte, bereits im Entstehen zu vernichten. Eineinhalb Jahre Krieg endeten mit der Niederlage der Araber. So entstand der jüdische Staat, aber der Krieg gegen ihn endete nicht. Die arabischen Länder stimmten lediglich der Annahme eines Waffenstillstands zu, der naturgemäß vorübergehender Natur war. Sie erkannten den Staat Israel nicht an, einige von ihnen bis heute.

Aber der jüdische Staat entstand und existiert. Und doch ist sein Schicksal einzigartig: Im Gegensatz zu allen Ländern der Welt, die fast automatisch in die UNO aufgenommen wurden, wurde der Staat Israel zunächst nicht Mitglied der Organisation, durch deren Beschluss er gegründet worden war, sondern erst nach einem Jahr erbitterten Kampfes. Die meisten Länder der Welt, nicht nur die arabischen Länder und ihre Verbündeten, erkannten Israel nicht an und stellten sich gegen die Aufnahme Israels in die UNO. Viele Länder, auch im Westen, weigerten sich, irgendwelche Verbindungen mit dem Staat Israel aufzunehmen. Dies geschah nicht nur aus Angst um ihre Beziehungen zur arabischen Welt oder der islamischen Welt insgesamt, sondern auch, weil sie nicht an die Existenzfähigkeit Israels glaubten: Ein winziges Land mit einer Fläche von 20.000 Quadratkilometern, ungefähr so groß wie Hessen, und einer Bevölkerung von nur 650.000 Menschen, was ungefähr der Einwohnerzahl von Frankfurt am Main entspricht. Ein Land, dem jegliche Bodenschätze fehlen. Ein Land, das früher den Großteil seines Bedarfs an landwirtschaftlichen Produkten von seinen arabischen Nachbarn bezog, Quellen, von denen es nun abgeschnitten ist. Ein Land, das sofort eine Flut jüdischer Flüchtlinge aufnimmt, vor allem Überlebende des Holocaust, mittellos, in einer Menge, die fast doppelt so groß ist wie die Zahl seiner eigenen Einwohner bei seiner Gründung. Es war klar, dass das Land keine Chance hatte zu existieren! Kein Wunder, dass die arabische Welt nicht bereit war, es anzuerkennen. Sie bereitete die zweite Kriegsrunde vor, um Israel dann zu eliminieren.

Aber der junge Staat hielt mit aller Kraft durch und verteidigte seine Unabhängigkeit. Mehr noch: Sobald er seine Fähigkeit bewiesen hatte, auf eigenen Beinen zu stehen, kamen ihm die Franzosen entgegen und versorgte ihn mit fast allem, was er militärisch benötigte. Die Boden- und Luftstreitkräfte waren damals hauptsächlich mit französischen Waffen und Ausrüstung bestückt.

Vor allem aber erhielt das kleine und abgeschnittene Land Wirtschaftshilfe aus Deutschland. 1952 schloss die Bundesrepublik in Luxemburg das Reparationsabkommen mit Israel. Das Übereinkommen wurde von Bundeskanzler Konrad Adenauer (der auch als Außenminister fungierte) und dem israelischen Außenminister Moshe Scharet unterzeichnet. Für Letzteren war es nicht der erste Kontakt mit Deutschen: Im Ersten Weltkrieg wurde er als »Palästinenser« für die türkische Armee, die mit Deutschland verbündete Macht, die das Land beherrschte, rekrutiert. Dort erreichte er den Rang eines Hauptmanns und wurde dank seiner umfassenden Fremdsprachenkenntnisse, darunter Deutsch, oft als Verbindungsperson zu den im Nahen Osten stationierten deutschen Streitkräften geschickt, um den Türken zu helfen.

Seitdem sind Jahrzehnte vergangen. Der Staat Israel ist demografisch, wirtschaftlich und technologisch gewachsen. Wir sind global geworden. Israel unterzeichnete sogar Friedensverträge mit einigen der arabischen Länder und nahm diplomatische Beziehungen auf. Alles schien zu wachsen und sich so zu entwickeln, wie es sich für ein Land gehört, das auf Wunder setzt, wenn nicht sogar auf ihnen basiert. Zu diesem Bild der Situation müssen wir allerdings den sprichwörtlichen biblischen Fluch hinzufügen: Auch etwas Gutes birgt bisweilen einen Nachteil. Denn seit 1967 kontrolliert Israel die besetzten Gebiete – also vor allem Westjordanland und Gaza-Streifen –, in denen Millionen staatenloser Palästinenser leben, die keine Grundrechte genießen.

Und nein, hierbei handelt es sich natürlich nicht um Kolonialismus. Schließlich befinden wir uns im Kriegszustand, und in solch einer Situation kann es vorkommen, dass zivile Gebiete unter die Besatzung der gegnerischen Armee fallen. Es sind Kriegsgebiete, die bereits seit 56 Jahren »vorübergehend« besetzt sind! Kein Ausweg in Sicht? Temporäre militärische Besatzungsgebiete mit Siedlern aus dem Besatzungsland? Im Jahr 2023 betrug die Zahl der jüdischen Siedler dort 750.000. »Vorübergehend« natürlich.

In dieser Situation kehrte Benjamin Netanjahu am 29. Dezember 2022 zum dritten Mal nach 1996 an die Macht zurück, diesmal an der Spitze einer rein rechten Koalition inklusive aller religiösen und ultrareligiösen Parteien. Diesmal traten zwei neue Parteien, eine nationalreligiöse

16

und eine ultranationalistische, als treue Partner seiner Regierung bei. Diese sind rassistisch, Araber sind ihnen verhasst, sogar die arabischen Bürger Israels. Und diese stellen im Land keine unerhebliche Minderheit dar: Ihre Zahl beträgt heute über zwei Millionen, also mehr als zwanzig Prozent der Bürger. Sehr schnell begann der neue Finanzminister Bezalel Smotrich, Vorsitzender einer der beiden ultraextremistischen Parteien, die Budgets der Kommunen im arabischen Sektor zu straffen. Eine dieser Maßnahmen sollte eine enorme Finanzspritze für die Siedlungen in »Judäa und Samaria« (Westbank) sein, die bereits seit Langem von den Zuwendungen aus dem Staatshaushalt leben.

Warum tut Benjamin Netanjahu das? Nur aus ideologischen Gründen? Gemäß dem Slogan: »Die Teile des biblischen Landes Israel gehören dem jüdischen Volk, unabhängig davon, ob heute andere darin leben oder nicht.«

Sollte Netanjahu eine solche ideologische Motivation haben, hat sie kein großes Gewicht. Was den Premierminister vor allem beunruhigt und beschäftigt, ist der schwere Korruptionsprozess, der seit drei Jahren gegen ihn läuft. Er vergisst keinen Moment, dass der frühere Staatspräsident Israels, Moshe Katsav, und auch der frühere Premierminister Ehud Olmert ins Gefängnis gesteckt worden waren.

Um einem ähnlichen Schicksal zu entgehen, beschloss Netanjahu, das Justizsystem zu kastrieren, es machtlos zu machen und alle Befugnisse der Regierung in den Händen der Exekutive zu konzentrieren. Wie wir wissen, ist in Israel alles einzigartig, auch die Tatsache, dass es keine Verfassung gibt. Das heißt, eine Mehrheit im Parlament kann jedes Gesetz verabschieden, jedes Gesetz aufheben und ändern, auch wenn es grundlegend oder so alt wie der Staat selbst ist.

Acht Tage nach Netanjahus Rückkehr an die Macht, am 7. Januar 2023, kam es in Israel zu Demonstrationen, die in ihrer Größe und Ausbreitung beispiellos waren. Netanjahu geriet jedoch nicht in Panik. Bereits 2011 war es zu großen Demonstrationen gegen ihn gekommen. Damals stand die Forderung nach größerer sozialer Gerechtigkeit im Mittelpunkt der Proteste, denen die breite Öffentlichkeit mit Sympathie begegnete. Die Methode, um auf den Premierminister Druck auszuüben, bestand aus einem großen Zeltlager im Zentrum von Tel Aviv, in dem – es war Sommer, weder Kälte noch Regen drohten – viele der Protestierenden übernachteten.

Netanjahu, der von Natur aus leicht in Panik gerät, fand dennoch einen Ausweg aus der Krise, ohne Zugeständnisse zu machen. Er kündigte an, dass er den Demonstranten ernsthaft entgegenkommen wolle. Er richtete ein öffentliches Komitee ein, dessen Mitglieder und insbesondere dessen Vorsitzender die Protestierenden unterstützten, und beauftragte es, Empfehlungen zur Durchführung der geforderten Reformen abzugeben. Ihm und allen anderen war klar, dass eine gründliche und ernsthafte Arbeit des Komitees Zeit und Geduld erforderte. Was würden die Zehntausenden Demonstranten in der Zwischenzeit tun? Werden sie weiterhin monatelang in den Feldzelten ausharren? Wie Netanjahu erwartet hatte, bauten die Demonstranten die Zelte ab und gingen zufrieden nach Hause, und das Komitee setzte sich ernsthaft und ausführlich mit dem Problem auseinander und arbeitete an

Reformvorschlägen. Jeder Vorschlag wurde von Netanjahu positiv und in gutem Geist aufgenommen. Er bat immer um Verbesserungen und Änderungen. Wieder und wieder. Die Zeit verging, die Öffentlichkeit kehrte zum Alltag zurück, und die Mitglieder des Komitees, die erkannten, dass sie getäuscht worden waren, standen schließlich mit leeren Händen da.

Im Januar 2023 erinnerte sich Netanjahu an die Erfolgsformel von 2011 und dachte darüber nach, dieselbe Vorgehensweise zu wiederholen. Diesmal stand er jedoch vor zwei Problemen. Erstens: Er war sehr unter Zeitdruck, die Gefahr eines schwerwiegenden Prozesses gegen ihn belastete ihn. Und außerdem: Trotz der festen und sogar enthusiastischen Unterstützung seitens seiner Koalition stand er dieses Mal vor einer großen und entschlossenen Schar von Gegnern, die mit dem Sommer 2011 nicht zu vergleichen war.

Die Tatsache, dass Netanjahu und seine Leute äußerst darauf bedacht sind, ihre »Justizreform« blitzschnell zu verabschieden, führte dazu, dass der Widerstand seine beispiellosen Protestaktivitäten noch verstärkte.

Im März kam der hochrangige Likud-Verteidigungsminister Yoav Gallant zu dem Schluss, dass die Regierung mit dem Kopf gegen die Wand marschiert, dass das Land vor einer Katastrophe steht. In einer öffentlichen Rede forderte er, die »Justizreform« auszusetzen. Netanjahu reagierte sofort und entließ ihn. In dieser Nacht brachen erneut Demonstrationen aus, begleitet von massiven Blockaden von Hauptstraßen, Demonstrationen, die kurz davorstanden, das Land lahmzulegen. Netanjahu beeilte sich zu verkünden, dass er Gallants Entlassung zurücknehmen würde. Auch General Gallant zog Schlussfolgerungen aus dem Vorfall und achtet seitdem darauf, seinen Mund zu halten.

Es besteht kein Zweifel daran, dass Netanjahu und seine Partner ihre Bemühungen zur Abschaffung des unabhängigen Justizsystems fortführen werden. Aber bis dahin gibt es noch ein unabhängiges Justizsystem, und es wurden Klagen gegen die »Justizreform« eingereicht. Und am ersten Tag des Jahres 2024 erklärten die Richter Kernelemente der »Justizreform«, die vor allem die Angemessenheitsklausel betreffen, für nichtig. Die Entscheidung fiel mit acht von fünfzehn Richtern denkbar knapp aus. Die Begründung lautet, dass die Gesetzesänderung »den Kerneigenschaften des Staates Israel als demokratischer Staat schweren und beispiellosen Schaden zugefügt« hat. Außerdem bekräftigte das Gericht mit der Mehrheit von zwölf Richterstimmen seine Autorität, Grundgesetze überprüfen zu dürfen »und in jenen seltenen und extremen Fällen zu intervenieren, in denen das Parlament seine Befugnisse überschreitet«. Was werden Netanjahu und seine Partner tun, wenn festgestellt wird, dass die Gesetzgebung illegal ist? In dieser Angelegenheit herrscht in der Koalition eine peinliche Verwirrung. Werden sie ihren Willen mit aller Kraft durchsetzen? Schließlich haben wir die Sintflut vor uns. Werden sie kapitulieren? Für sie wird es die Sintflut sein. In der Zwischenzeit machen sich viele von ihnen vor, dass das Gericht nicht gegen sie entscheiden und Harakiri begehen wird.

Und während sich alle mit Netanjahu und seinen

Rechtsangelegenheiten beschäftigen, bricht um Israel ein Sturm los. Die vom Iran gesteuerten und bewaffneten Feinde Israels schärfen ihre Schwerter. Sie sehen, was alle anderen sehen, und hoffen, dass der Zerfall des verhassten israelischen Staates bevorsteht.

Man kann die Mullahs verstehen. Die internen Kämpfe in Israel sind nicht gewalttätig, aber auch nicht rein rhetorischer Natur. Und man bedenke, dass die israelische Armee größtenteils aus Reservisten besteht. Dies gilt insbesondere für die hochentwickelten Truppen: die Luftwaffe, die Marine, die Wissenschafts- und Technologieeinheiten. Alles, was Israels zahlenmäßige Unterlegenheit in der Qualität wettmacht.

Und somit fragt sich die Mehrheit in Israel: Sind wir auf dem Weg in die Zerstörung?

3.
»Kampf um die Unabhängigkeitserklärung«

Am Samstag, dem 16. September 2023, feierten die Juden auf der ganzen Welt den Feiertag Rosch ha-Schana des Jahres 5784. In der Feiertagsausgabe veröffentlichte *Haaretz*, die wichtige liberale Zeitung (quasi »die *New York Times* Israels«), einen Leitartikel unter dem Titel »Der Kampf um die Unabhängigkeitserklärung«. Der Staat Israel ist tatsächlich eines der ganz wenigen Länder, das ohne Verfassung funktioniert. Es gibt kein Gesetz, das nicht durch eine einfache oder gar zufällige Mehrheit erlassen wurde. Daher ist das von den Mitgliedern der »Verfassungsgebenden Versammlung« unterzeichnete Dokument das einzige, dessen Bedeutung einer Verfassung ähnelt.

So heißt es in dem Artikel: »Die vor dem Obersten Gerichtshof abgehaltene Anhörung zu den Petitionen gegen die Angemessenheitsklausel hat bewiesen, was seit Monaten bekannt ist: Es steht nicht nur die Angemessenheitsklausel auf der Tagesordnung, sondern ein viel umfassenderer und gründlicherer Zerstörungsplan.« Vor fünfzehn Richtern des Obersten Gerichtshofs und Millionen israelischer Bürger enthüllte der Anwalt, der die Regierung vertritt, die tiefergehende Motivation hinter der Verfassungs-revolution: die Missachtung der Unabhängigkeitserklärung. Der Anwalt behauptete, dass die Schriftrolle in aller Eile zusammengestellt worden sei und dass die Unterzeichner nicht gewählt wurden. »Undenkbar«, behauptete er, »dass 37 Personen, die nie gewählt wurden … unabsichtlich für uns ein Dokument namens Verfassung erstellt haben, das alle zukünftigen Generationen binden wird.« Er fügte hinzu, dass die Unterzeichner »keine Vertreter der dama-ligen israelischen Gesellschaft waren. Es gab unter ihnen keine Araber. Insgesamt waren es nur zwei Frauen.«

Abgesehen von der Ironie, die der Tatsache innewohnt, dass die Gesetzesänderung zur Abschaffung der Ange-messenheitsklausel, wie jede »Justizreform«, überstürzt durchgeführt wurde und dass die derzeitige Regierung nicht die gesamte israelische Gesellschaft repräsentiert – die Minderheit der Frauen und Araber in ihr schreit zum Himmel –, hat der Anwalt im Namen der Regierung Israel einen großen Gefallen getan: Er gab in aller Öffentlich-keit zu, dass es das Ziel ist, das Gründungsdokument des Staates Israel neu zu schreiben.

Und tatsächlich tun Benjamin Netanjahu und die Mi-nister seiner Regierung alles in ihrer Macht Stehende, um das Versprechen zu untergraben, zum Wohle aller und für die Entwicklung des Landes zu arbeiten, denn für sie sind Araber Bürger zweiter Klasse; die aktuelle Koalition ver-achtet die Grundlagen von Freiheit, Gerechtigkeit und Frieden; soziale Gleichheit und Rechtsstaatlichkeit sind schon lange kein Thema mehr, und die Kooperation mit den »Institutionen und Vertretern der Vereinten Nationen«

hat sich zu einer Zusammenarbeit mit Antisemiten entwickelt, die Israel nur Schaden zufügen wollen.

Am Vorabend des Neujahres wird in Israel ein entscheidender Kampf um den Charakter des Staates ausgetragen: Auf der einen Seite die Anhänger der Unabhängigkeitserklärung, die an die Werte Freiheit, Gleichheit und Gerechtigkeit glauben, und auf der anderen Seite die Zerstörer der Unabhängigkeitserklärung, die für Zwang, Diskriminierung, Besatzung und ewigen Krieg stehen. Dies ist Israels zweiter Unabhängigkeitskrieg, und jeder, der weiterhin in einem reformierten und aufgeklärten Land leben möchte, muss sich der Kampagne anschließen, denn diesen Kampf dürfen wir nicht verlieren.

4.

Zum sechsten Mal Ministerpräsident

Das Jahr 2023 begann in Israel mit einem Umbruch. Nicht der Sieg Benjamin Netanjahus und seiner Partei bei den Wahlen und ihre Rückkehr an die Macht waren der Umbruch. Immerhin war es Netanjahus sechster Sieg bei den Wahlen zur Knesset seit 1996, als er zum ersten Mal Ministerpräsident wurde. Allerdings konnte er dieses Mal, anders als alle seine Siege bisher, nur eine Koalition mit rechtsextremen Parteien mit faschistischen und klerikalen Zügen bilden. Neue Parteien, die noch nie in der Knesset vertreten waren.

Wie viele in Israel denken, wurde ihm eine solche Koalition nicht wirklich aufgezwungen, sondern es war vielmehr Netanjahus eigener Wunsch, eine Koalition seiner rechtsnationalistischen Partei mit den ultraorthodoxen Parteien und mit der extremsten Rechten, die es je in Israel gegeben hat, zu bilden.

Niemand erwartet von einer solchen Regierung, dass sie versuchen wird, eine Lösung für das palästinensische Problem zu finden oder eine stabile Friedensordnung im Nahen Osten zu erreichen.

Es stimmt, dass mit Ausnahme des Friedensvertrags mit dem Königreich Jordanien, der von der gemäßigten linken Regierung unter Jitzchak Rabin unterzeichnet wurde, es die rechten Likud-Regierungen waren, die alle bisherigen Friedensverträge mit arabischen Ländern, vor allem mit Ägypten, geschlossen haben. Dabei gaben sie die meisten Gebiete auf, die Israel im Sechstagekrieg 1967 erobert hatte. Die Likud-Regierungen erreichten auch die »Abraham-Abkommen« mit den Golf-Staaten, und zwar unter Netanjahus Führung. Das waren verhältnismäßig einfache Verhandlungen. Das Zentrale jedoch, das unseren Hunger nach einem stabilen und langfristigen Frieden stillen könnte, ist nur durch ein Abkommen mit den Palästinensern garantiert. Ein Abkommen, das den Aufbau einer aktiven Partnerschaft zwischen Israel und dem unabhängigen palästinensischen Staat in allen Lebensbereichen beinhalten würde, wie es zwischen Völkern erforderlich ist, die nahe beieinander leben und deren Verflechtung in allen Lebensbereichen eng miteinander verbunden ist. Die gesamte Fläche der Palästinenser und Israelis zusammen beträgt nur 30.000 Quadratkilometer, etwa die Größe des Bundeslandes Brandenburg.

Der Frieden zwischen Israel und einigen arabischen Ländern ist ein kalter Frieden, der auf gegenseitigen Interessen basiert, die möglicherweise vorübergehender Natur sind. Es sind bekanntlich die europäischen Völker, die eine Geschichte von Friedensverträgen haben, die durch Kriege ersetzt wurden, und vice versa. Und es sind nicht nur die Friedensverträge von Versailles, die nach dem Ersten Weltkrieg unterzeichnet wurden. Napoleon unterzeichnete zahlreiche Friedensverträge, abwechselnd mit England, mit Russland, mit dem Kaiserreich Österreich, mit Preußen und so weiter. Verträge, die stets erneuert werden mussten, weil sie immer wieder scheiterten und in Schlachten und Kriege übergingen.

Der Frieden Israels mit Jordanien, mit Ägypten, mit den Golf-Staaten und vielleicht auch mit Saudi-Arabien basiert auf oberflächlichen und flüchtigen Interessen. Dahinter stehen keine arabischen Belange, die eine echte Zusammenarbeit, die diese beiden Seiten aneinanderbindet, hervorbringen könnten. Keine Zusammenarbeit und kein Aufbau gemeinsamer Projekte ist dauerhaft oder hat tiefe Wurzeln.

Das erste arabische Land, das einen Friedensvertrag mit Israel unterzeichnete, war das größte und bevölkerungsreichste. Ägypten hatte zu Beginn der Friedensverhandlungen mit Israel Ende der 1970er-Jahre über einhundertvierzehn Millionen Einwohner. Wie viele Ägypter haben seitdem das Nachbarland Israel besucht? Fast null. Und das liegt nicht daran, dass es in Ägypten nicht genug Neugierige gäbe, die das »verbotene Land« sehen wollten. Auch Jordanier, die aus lebenswichtigen Interessen mit Israel verbunden sind, besuchen das Land nicht, und das ist kein Zufall.

Es ist ein kalter Frieden – auf jeden Fall. Ein kalter Frieden ist jedoch besser als Krieg, besser auch als Kalter Krieg. Die Frage ist nur, was diesen unerwünschten Frieden erzwingt und wie lange er anhalten kann.

Bis zum Sturz des persischen Schahs 1979 war Iran ein enger Partner Israels. Obwohl es sich als muslimisches

Land weigerte, offizielle Beziehungen zu Israel aufzubauen, befand sich in Teheran eine der größten und wichtigsten Botschaften Israels weltweit. Doch offiziell durfte sie nicht bei ihrem Namen genannt werden. Und es gab auch kein Schild, das auf das Wesen des großen Gebäudes hinwies, in dem sie untergebracht war, und keine Flagge wehte über ihr. Wer auch immer diese Botschaft anrief, bekam von der Telefonzentrale die Antwort: »Haus Edri, guten Tag.« Edri war nämlich der Name des ersten israelischen Botschafters in der Hauptstadt des Kaiserreichs des Schahs. Ein Botschafter, der wie viele nach ihm das Beglaubigungsschreiben nie wie üblich der iranischen Behörde vorlegte. Israel hatte auch kein offizielles Luftverkehrsabkommen mit dem Iran, obwohl die Maschinen der israelischen Fluggesellschaft El Al regelmäßig in Teheran landeten, entweder weil der Iran ihr Ziel war oder als Transitstation auf der Route nach Fernost. Eine israelische Maschine konnte nämlich damals nicht direkt von Israel nach Fernost fliegen, da es arabische Länder passieren musste. Bis zur Öffnung der iranischen Flugrouten musste El Al mit einem Umweg über Europa nach Osten fliegen. Das heißt, die Maschinen flogen zunächst nach Westen, nach Europa, von dort nach Norden und erst dann nach Osten. Ein »Direktflug« vom israelischen Flughafen Ben-Gurion nach Australien dauerte damals 36 Stunden.

Als der Schah eines Tages die arabischen Botschafter in Teheran zu einer Audienz empfing, beschwerten sich die Gäste darüber, dass Iran der israelischen Fluggesellschaft erlaubt, sein Territorium zu überfliegen und dort sogar zu landen. »Wirklich?«, fragte der Schah mit gespielter Verwirrung und erklärte energisch: »So etwas gibt es nicht! Keine israelische Maschine kann in den Iran oder über den iranischen Luftraum fliegen!« Was hätten die arabischen Botschafter sagen können? Etwa »Seine kaiserliche Majestät lügt«?

Mithilfe von iranischen Investitionen wurde auch eine riesige Ölpipeline von Eilat, dem südisraelischen Hafen am Ufer des Roten Meeres, nach Aschdod, dem neuen und modernen Hafen am Ufer des Mittelmeers, gebaut. Die Öltanker kamen aus dem Iran in Eilat an. So lief ein großer Teil der iranischen Ölexporte nach Europa über Israel. Das war natürlich ein Geheimnis. Ein gut bewahrtes Geheimnis, daher galt dieses Öl, das nach Europa gelangte, als israelischer Export. Somit wurde Israel plötzlich zu einer Ölmacht, einem wichtigen Treibstoffexporteur.

Und das alles zusätzlich zu dem vielschichtigen wechselseitigen Handel, der wesentlich zum israelischen Export, also zur Entwicklung der israelischen Industrie, beitrug.

Mit dem Sturz des Schahs und der Machtergreifung der muslimischen Religionsfanatiker wurden alle Verbindungen zwischen Iran und Israel abgebrochen.

Aber nicht nur zu Israel brachen die Ayatollahs ihre Beziehungen ab. Auch die Beziehungen zur arabischen Welt schwächten sich ab. Plötzlich erfuhren selbst die am weitesten von der muslimischen Welt entfernten Nationen, dass in dieser Welt zwei Zweige des Islam aufeinanderprallen: Schiiten und Sunniten.

In Europa gab es vor langer Zeit im Zuge der Reformation Religionskriege. Diese sind längst Geschichte. In der muslimischen Welt begannen die internen Konflikte zwischen Sunniten und Schiiten mit der Geburt des Islam im siebten Jahrhundert. Diese Kriege haben nicht aufgehört und dauern mit Unterbrechungen bis heute an. Der größte Teil der arabischen und türkischen Welt gehört der sunnitischen Tradition an. Der Iran ist das wichtigste schiitische Land.

Die muslimischen Fanatiker, die die Macht im Iran ergriffen hatten, brachen sofort alle Verbindungen zu Israel, das zerstört werden müsse, wie sie sagten, ab. Dazu gehörte natürlich auch die Treibstoffversorgung. Sie erneuerten die schiitischen Ambitionen, Einfluss auf die muslimische Welt zu nehmen, wenn nicht sogar noch mehr als das. Und so entstand der Bruch zwischen dem Iran und der arabischen Welt. Eine Folge war in den 1980er-Jahren der achtjährige Krieg zwischen Iran und seinem Nachbarn Irak. Und somit fand sich Israel tatsächlich auf der Seite der Araber wieder, die sich dem Iran entgegenstellten, was eine völlige Umkehrung der Situation in der Region bedeutete.

Seit über vierzig Jahren fordert das Ayatollah-Regime von internationalen Organisationen, von Israel die Zahlung für die Öllieferungen zu fordern, die am Vorabend der dortigen Revolution nach Israel getätigt wurden (und sofort nach der Machtergreifung stoppten). Dabei geht es um Lieferungen, die von Israel nach Europa verkauft wurden und für die keine Zahlungen an den Iran überwiesen wurden. Israel wiederum behauptet, die Iraner hätten eine Menge israelisches Eigentum in Teheran beschlagnahmt, darunter auch das große Botschaftsgebäude.

5.
Das jüdisch-arabische Problem: ein Blick in die Geschichte

Was sollte Israel aus diesen dramatischen und unerwarteten Umbrüchen lernen? Zunächst muss es erkennen, dass es in seiner aktuellen Situation weiterhin mit aller Kraft Wache halten muss und nicht vergessen darf, dass es dazu bestimmt ist, von seinen Schwert zu leben. Das bedeutet, sich in einem ständigen Kriegszustand zu befinden. Jedenfalls solange keine Lösung für das Palästinenserproblem gefunden wird, was überhaupt nicht in Sicht ist.

Im Gegenteil: Seit der Machtübernahme der rechtsextremen Regierungskoalition in Jerusalem ist die Möglichkeit, jenseits der Berge der Dunkelheit einen Ausweg aus dem palästinensischen Labyrinth zu finden, verdrängt worden.

Daher müssen wir die Realität so betrachten, wie sie ist: mit der anhaltenden Besatzung und ohne eine wirkliche und stabile Lösung für das Palästinenserproblem. Mit anderen Worten: Selbst wenn Israel mit den meisten arabischen Ländern und insbesondere mit Saudi-Arabien einen offiziellen und »endgültigen« Frieden schließt, wird es ein Frieden sein, der jenem ähnelt, den es derzeit mit Jordanien und Ägypten hat. Das heißt, Frieden mit all seinen offiziellen Merkmalen: diplomatische Beziehungen, Luftfahrtabkommen, gegenseitiger Handel und sogar militärische und strategische Zusammenarbeit. Was fehlt, ist das, was einen langfristigen stabilen Frieden sichert: ein Zusammenhalt zwischen den Völkern. Heutzutage können Israelis nach Ägypten, Jordanien und sogar in einige der Golf-Staaten reisen, aber allen Bewohnern dieser Nachbarstaaten wird die Möglichkeit verwehrt, Israel zu besuchen. Es gibt keine Verbindung zwischen den Völkern, zwischen den einfachen Bürgern auf beiden Seiten. Es gibt keine Möglichkeit, mit und um Israel eine neue Realität zu entwickeln. Alles wird nur in den Händen der offiziellen Ränge liegen und auf einer Situation basieren, von der erwartet wird, dass sie konjunkturbedingt bleibt.

An dieser Grundsituation wird sich nichts ändern, bis es zu einem echten Friedensabkommen zwischen Israel und den Palästinensern kommt, einem Abkommen, das von den Palästinensern ehrlich akzeptiert wird.

Wie schwierig es ist, einen solchen Vertrag zu erreichen, lehrt die Geschichte. Das jüdisch-arabische Problem hierzulande entstand bereits im 19. Jahrhundert. Zu dieser Zeit lebten unter der türkisch-osmanischen Herrschaft etwa eine halbe Million Araber im Land, die überwiegende Mehrheit davon Beduinen oder ungebildete Bauern. In den Städten, die die Juden als heilig betrachteten: Jerusalem, Safed und Hebron, lebten etwa dreißigtausend ultrareligiöse Juden. Die meisten von ihnen waren erbärmlich mittellos und konnten nur unter großen Schwierigkeiten dank der Spenden europäischer Juden überleben. Diese

Juden hatten keinen Einfluss auf das Geschehen im Land. Sie lebten in ihrem eigenen Kokon. Die Geburt des Zionismus schockierte sie, und sie betrachteten ihn als einen weiteren Schlag vom Himmel, den Gott von Zeit zu Zeit auf sie herabsausen lässt, damit sie Buße tun. Als der Gründer der zionistischen Bewegung, Theodor Herzl, 1899 im Lande ankam, boykottierten sie ihn. Herzl kam aus Wien nach Palästina, um den deutschen Kaiser Wilhelm II. zu treffen, der nach seinem Besuch in der Türkei als Pilger ins Heilige Land gereist war.

Die neuen, meist landwirtschaftlich geprägten Siedlungen, die ab der zweiten Hälfte des 19. Jahrhunderts von jüdischen Einwanderern im damaligen Palästina gegründet wurden, empfingen Herzl mit fast messianischer Begeisterung. Sie waren neue Idealisten, die meisten von ihnen säkular, die unter endlosen Schwierigkeiten den Weg ins Land gefunden hatten. Sie taten dies trotz der sehr feindseligen Haltung der türkischen Regierung. Mit den Arabern hatten sie zunächst keine Probleme und keine Verbindungen.

Eliezer Ben-Jehuda, der als Erneuerer der hebräischen Sprache gilt, wanderte 1881 von Odessa nach Palästina aus. In seinen Memoiren beschrieb Ben-Jehuda die lange Seereise. Denn das russische Schiff, auf dem er und seine Frau reisten, legte ständig an fast jedem Hafen entlang des Weges an, Passagiere stiegen zu, andere verließen das Schiff. Nach der Überquerung des Bosporus gingen nur wenige von Bord, und immer mehr Passagiere, die auf dem Weg zum Hafen von Jaffa waren, bestiegen es. Ben-Jehuda beschreibt in seinem Buch, wie er diese Passagiere beobachtete und zu seinem Erstaunen feststellte, dass die meisten von ihnen Araber waren. Ihre Sprache und Kleidung waren arabisch und nicht türkisch und schon gar nicht jüdisch. Langsam, wie er in seinem Buch beschreibt, kam er zu der Erkenntnis, dass er nicht in ein Land segelte, das seit der »Vertreibung« der Juden vor fast zweitausend Jahren verlassen und leer gewesen war. Er reise, schrieb er bitter, in ein Land, das nicht von Juden bewohnt werde. Er verfiel in eine tiefe Depression, die seine junge Frau sehr beunruhigte. Nach ihrer Ankunft in Jaffa dauerte es viele Wochen, bis er sich von seiner Niedergeschlagenheit erholte.

Was tun wir angesichts dieser Situation, fragten sich die modernen und säkularen Juden, als sie sich an die Tatsachen, an die überraschende Realität, gewöhnt hatten. Die meisten von ihnen beschlossen, nichts zu tun. Sie ignorierten die Gegebenheiten: »Es gibt Esel, Pferde und Kamele im Land, es gibt vielfältige Landschaften im Land, und es gibt Araber im Land. Das ist alles Teil der Landschaft. Wir bauen hier etwas Neues auf, und das ist einzig und allein unser Anliegen.«

Nicht jeder empfand und handelte so. Es gab auch diejenigen, die anfingen, traditionelle arabische Kleidung zu tragen: Kufije und Agal und eine schwarze Körperbedeckung. Sie versuchten auch den einheimischen Tieren, dem Esel und dem Kamel, für die Bewirtschaftung des Landes zu nutzen. Aber auch das war eine Minderheit, die bei ihrem Versuch, sich den Arabern anzunähern, ebenfalls nicht lange durchhielt. Nach und nach wurde ihnen klar, dass es sich hier um ein anderes Volk und nicht um Folklore ging.

Und auch die arabischen Bewohner des Landes erkannten, dass es sich hier nicht um ein paar isolierte Einwanderer handelte, die den Charakter und die Kultur des Landes in keinster Weise verändern würden.

Im Jahr 1917, mitten im Ersten Weltkrieg, erreichten die Araber oder zumindest die Gebildeten unter ihnen die Deklaration des englischen Außenministers Arthur James Balfour, in der er den Juden eine nationale Heimat in Palästina garantierte. Zu diesem Zeitpunkt stand Palästina unter türkischer Herrschaft, und die Türkei war im Krieg ein Verbündeter der Österreicher und Deutschen. England versprach den Juden daher ein Land, das überhaupt nicht unter seiner Kontrolle stand. Warum also das?

6.
Vom britischen Mandatsgebiet zur Gründung Israels

Während des Krieges unternahm England große Anstrengungen, um die Vereinigten Staaten dazu zu bewegen, auf der Seite der Entente in den Krieg einzutreten. Für die Engländer stellte es sich aber sehr schwierig dar, die amerikanische Öffentlichkeit davon zu überzeugen. Teile der Bevölkerung wollten gar nichts von der Teilnahme an einem Krieg, der sie überhaupt nichts anging, hören. Zudem tendierte ein erheblicher Teil der Öffentlichkeit – darunter auch die amerikanischen Juden – tatsächlich zur deutsch-österreichischen Seite. Dabei handelte es sich nicht um Pro-Deutsche oder -Österreicher und schon gar nicht um Türkei-Fans. Ihre Haltung richtete sich gegen das Russische Reich, denn Russland galt damals als das schlimmste antisemitische Land der Welt. Immer wieder hörten die Juden in den Vereinigten Staaten die schrecklichen Berichte über die Judenverfolgungen und die wiederholten Gräueltaten im Zarenreich. Darüber hinaus stammte ein großer Teil der Juden in den USA aus dem Zarenreich.

Der Versuch, amerikanische Juden davon abzubringen, die antirussische, sprich die österreichisch-deutsche Seite zu unterstützen, war die treibende Kraft hinter der Balfour-Deklaration. Auch beim britischen Publikum kam sie gut an. Die Einwohner des Vereinigten Königreichs, überwiegend Anglikaner, lernten in ihren Schulen viel über das Land der Bibel und seine jüdischen Bewohner. Die Verbindung zwischen Juden und Palästina erschien ihnen selbstverständlich. Nicht, dass es damals in Großbritannien an Antisemiten mangelte, aber gerade diese dachten, dass die Übergabe von Palästina an die Juden eine gute Möglichkeit wäre, die Juden auf den britischen Inseln loszuwerden.

350.000 britische Soldaten (mehr als die Hälfte davon aus den Kolonien, überwiegend Inder) griffen Palästina 1917 von Ägypten aus an, vollendeten ihre Eroberung jedoch erst 1918 mit dem Ende des Weltkriegs, da die türkische Armee mit deutscher und österreichischer Hilfe gestärkt wurde.

Der Sieg der Entente und der USA im Ersten Weltkrieg führte unter anderem zur Aufteilung des Nahen Ostens zwischen den Siegermächten Frankreich und England. Das Osmanische Reich zerfiel. Syrien und Libanon wurde Frankreich unterstellt, Irak und Palästina wurden britisches Mandatsgebiet. Palästina wurde später von den Briten in das westliche Land Israel, im Folgenden Palästina, und »Transjordanien«, den Teil östlich des Jordans, aufgeteilt. Letzteres wurde von den Briten als Emirat unter ihren Schutz gestellt und ihrem Protegé, der haschemitischen Familie, anvertraut, die es bis heute als unabhängiges Königreich Jordanien regiert.

Westlich des Jordans blieb Palästina, wo die Briten tatsächlich die Absicht hatten, die Gründung einer jüdischen

Entität im Sinne der Balfour-Deklaration zu ermöglichen. Und nachdem sie vom Völkerbund ein »Mandat« zur Herrschaft in Palästina erhalten hatten, wurde der Armeekommandant durch einen zivilen Gouverneur ersetzt, wie es in den englischen Kolonien im gesamten Empire üblich war. Es überrascht allerdings nicht, dass der erste Gouverneur des Landes, der mit dem Titel »Hochkommissar« versehen wurde, ein Jude war: Herbert Samuel, Minister in verschiedenen britischen Regierungen, war der erste nicht konvertierte Jude in der Geschichte, der ein Ministeramt innehatte. Für die jüdischen Bewohner des Landes bedeutete diese Entwicklung eine enorme »historische« Freude. Samuel selbst erkannte rasch die Intensität des arabischen Problems, das nach dem Krieg aufkam. 1922, ein Jahr nach seiner Ankunft in Jerusalem, kam es zu arabischen Aufständen. Samuel versuchte, die Araber zu besänftigen. Unter anderem schränkte er das Recht der Juden, nach Palästina einzuwandern, drastisch ein.

Ab dem dritten Jahr der britischen Herrschaft im Land wurde daher der sogenannte jüdisch-arabische Konflikt oder später der israelisch-arabische Konflikt zu einem zentralen Element des Lebens im Nahen Osten.

Den Engländern gelang es immer wieder, Ruhe zu erzwingen. Aber meistens war es ein regelrechter Krieg. Ende der 1930er-Jahre erreichte allein der arabische Aufstand ein solches Ausmaß, dass die Briten es für notwendig hielten, eine Armee von etwa 100.000 Soldaten nach Palästina zu schicken. Sie unterdrückten die Rebellion mit äußerster Brutalität, darunter das Niederbrennen von Dörfern und Hinrichtungen durch Erhängen. In den späten 1930er-Jahren stand diese Armee unter dem Kommando von General (später Marshall) Bernard Lou Montgomery. Nach dem Ersten Weltkrieg mit Ruhm überhäuft, besuchte Montgomery, diesmal als Oberbefehlshaber der britischen Armee, das Land. Diesmal sah er sich erneut mit arabischem Widerstand konfrontiert, aber auch, und noch viel mehr, mit dem sich ausbreitenden und wachsenden gewalttätigen jüdischen Widerstand, der von Tag zu Tag zunahm.

Der Kern der jüdischen Opposition gegen die britische Herrschaft wurzelt bereits in den 1920er-Jahren, als der jüdische Hochkommissar Herbert Samuel bekanntlich strenge Beschränkungen für die Einwanderung von Juden nach Israel verhängte. Nach dem großen arabischen Aufstand in der zweiten Hälfte der 1930er-Jahre wurden die Beschränkungen noch restriktiver. Dies lag daran, dass Europa sich in einem neuen Weltkrieg befand. Die Engländer wollten damals keinen Ärger im arabischen Nahen Osten im Rücken haben. Sie zogen es vor, die wachsende Unruhe der Araber zu dämpfen. Eine Unruhe, die nicht nur in Palästina immer größer wurde. In allen britischen Kolonien im Nahen Osten begannen antibritische nationalistische Stimmungen zu brodeln. Nirgendwo jedoch waren die Unruhen turbulenter als in Palästina. Dies galt insbesondere nach dem großen arabischen Aufstand und seiner sehr brutalen Niederschlagung durch die Briten.

Die von Chamberlain geführte Londoner Regierung beschloss im Mai 1939, dass sie angesichts der wirklichen Gefahr, Nazi-Deutschland, die Front, die sich hinter ihr nach und nach bildete, beruhigen musste. Chamberlains Lösung war, den Juden und Zionisten den Rücken zuzu-

kehren! In diesem Monat wurde ein »Weißbuch« (ein Dokument, das die Richtlinien in einem weißen Umschlag
definiert) veröffentlicht. Es schränkte das Recht der Juden,
Land in Palästina zu kaufen, drastisch ein, es kam fast einem Verbot gleich, und verhängte ein ebenso drastisches
Verbot für Juden, nach Palästina einzuwandern. Bekanntlich war 1939 für die Juden die letzte Chance, unter schwie-
rigsten Umständen, Deutschland und das annektierte
Österreich zu verlassen. Juden, die diese beiden Länder
verließen, konnten nirgendwohin fliehen. Die Tore Palästinas waren ihnen verschlossen.

Als Winston Churchill, der Inbegriff eines Pro-Zionis-
ten, am 10. Mai 1940 das Amt des Premierministers antrat,
hob er das Weißbuch nicht auf, sondern ließ es in seiner
Gültigkeit unverändert. Vielleicht ging er von der berech-
tigten Annahme aus, dass den Juden mit Ausbruch des
Weltkriegs keine andere Wahl blieb, als den Aufstand gegen England bedingungslos zu stoppen und es im Kampf
gegen die Nazis mit aller Kraft zu unterstützen.

Der Aufstand der Einwohner des Landes wurde nach
dem Krieg mit zunehmender Intensität erneuert. Vor allem
richtete er sich gegen die britische Politik, die als »Weiß-
buch-Politik« bekannt ist, die darauf abzielte, die jüdische
Einwanderung nach Palästina zu verhindern. Diese Politik
war besonders empörend und erschütternd aufgrund der
Tatsache, dass sie sich gegen die vom Holocaust Bedroh-
ten richtete und ihnen jeden Ausweg aus den Gebieten, die
von Nazi-Deutschland besetzt waren, verwehrte. Palästina
stellte für viele die einzige Hoffnung dar. Kaum ein Land
erlaubte Juden die Einreise, auch konnten die meisten

nicht in ihre Herkunftsländer in Osteuropa zurückkehren. Nicht nur, dass ihre Häuser und ihr gesamter Besitz verloren waren, auch ihr Leben war in Gefahr. Dies war vor allem in Polen der Fall, wo vor dem Krieg etwa drei Millionen Juden gelebt hatten, die fast alle ermordet wurden. Die wenigen, die versuchten, in ihre ursprünglichen Städte zurückzukehren, wurden von den Einheimischen, die in der Zwischenzeit ihr Eigentum geplündert hatten, feindselig empfangen. Nicht wenige von ihnen wurden von ihren ehemaligen Nachbarn ermordet.

Angesichts des immer stärkeren Aufflammens der jüdischen Rebellion gegen die Briten und angesichts der immer stärkeren Bemühungen, Holocaust-Flüchtlinge nach Palästina zu schmuggeln, fragten sich die Briten, was sie tun sollten. Der berühmte Generalstabschef Montgomery kam zu einem Besuch nach Palästina. Seine Schlussfolgerungen teilte er seiner Regierung mit: »Wir haben nur zwei Möglichkeiten: 1. Die Juden mit den drastischsten Mitteln zu unterdrücken, mit Blut und Feuer, wie ich es mit den Arabern Ende der 1930er-Jahre getan habe. 2. Palästina verlassen. Da es nach dem Holocaust schwierig sein wird, die Juden auf eine Weise zu schlagen, die einer Vernichtung gleicht, haben wir keine andere Wahl, als das Land zu verlassen«, sagte er.

Die britische Regierung entschied: weder dies noch das. Sie sei nicht in der Lage, die Juden so weit zu besiegen, dass sie fast vernichtet werden, und sie mochte das Land nicht evakuieren.

Der internationale Druck, vor allem amerikanischer Art, zwang das nach dem Krieg stark geschwächte England schließlich dazu, das damals vom Völkerbund erhaltene Mandat aufzugeben und die Verantwortung für das Land den Vereinten Nationen zu überlassen.

Am 29. November 1947 verkündete die Generalversammlung das Ende des britischen Mandats über Palästina am 15. Mai 1948 und die Gründung zweier unabhängiger Staaten im Gebiet: einen jüdischen und einen arabischen Staat. Jerusalem sollten sich die beiden Staaten teilen, und die Stadt wurde unter internationale Kontrolle gestellt. Niemand hatte eine Ahnung, wie ein solches internationales Kontrollgremium aussehen würde, wer es regieren und wie es verwaltet werden würde. Im Vatikan in Rom gab es diejenigen, die die Illusion hegten, dass es der Vatikan sei, der von den Vereinten Nationen die Verantwortung für die Heilige Stadt erhalten würde.

Der UN-Teilungsplan war ein geografisches Monster, und viele bezweifelten, dass er überhaupt in die Tat umgesetzt werden könnte.

Die Zahl der Juden in Palästina stieg mittlerweile auf etwa 650.000, die Zahl der Araber dank einer hohen Geburtenrate auf 1.250.000. Aufgrund der von den Vereinten Nationen erstellten Teilungskarte fanden sich etwa 600.000 Araber im jüdischen Staat wieder. Mit anderen Worten: Die arabische Bevölkerung des jüdischen Staates sollte fast so groß sein wie die jüdische. Aber auch einige jüdische Siedlungen galten aufgrund der Verzerrung der Teilungskarte als Teil des arabischen Staates.

Juden lernten in den Jahrtausenden ihres Exils und ihrer Zerstreuung, Witze über ihr Schicksal zu erzählen. Diesmal kursierte in Palästina ein Witz über eine Stadt im

Norden namens Naharija, die laut UN-Teilungskarte zum arabischen Land gehören sollte. In Jerusalem saß die Führung der jüdischen Gemeinde und suchte nach einem geeigneten Weg, die bittere Nachricht den Bewohnern von Naharija zu überbringen. Sie schickten ein Telegramm an den Bürgermeister und baten ihn, die Bewohner zu versammeln, um eine besondere Botschaft der Vertreter der Jerusalemer Gemeinde zu hören, die eigens zu diesem Zweck zu ihnen kommen würden. Es gab nur einen großen Saal in der kleinen Stadt, und das war der Kinosaal. Dort drängten sich die Bewohner der Stadt und lauschten in angespannter Stille den Boten aus Jerusalem. Als die Gäste ihre Worte beendet hatten, herrschte Stille im Saal. Die Jerusalemer schwitzten vor Anspannung und machten sich Sorgen, da sie die Bedeutung des Schweigens nicht verstanden. Einer von ihnen näherte sich dem Mikrofon und fragte: »Ja ist es Ihnen egal, ob Sie Teil des jüdischen oder des arabischen Staates werden?« Einer aus dem Publikum stand auf und erklärte mit energischer Stimme: »So oder so, Naharija bleibt deutsch!«

So lernten die Juden im Laufe der Geschichte, über ihr Schicksal zu lachen, aber niemand wusste, wie das Gewirr um den UN-Teilungsplan gelöst werden würde.

Sobald der UN-Beschluss vom 29. November 1947 bekannt wurde, kam es im ganzen Land zu gewalttätigen Zwischenfällen seitens der Araber. Hier wurde ein Bus angegriffen, dort wurden Steine auf ein jüdisches Schulgebäude geworfen, und und der Widerstand verbreitete sich weiter wie ein Lauffeuer. Die Briten, die noch immer das Land regierten und für die Ordnung verantwortlich waren,

waren nicht erpicht, sich einzumischen. Sie saßen bereits auf gepackten Koffern. Und so steigerte sich das Ausmaß von dem, was zunächst als »Ereignisse« bezeichnet wurde, und verwandelte sich in etwas, das zunehmend wie ein Krieg zwischen den Arabern des Landes und seinen jüdischen Nachbarn aussah. Als die Briten am 15. Mai 1948 das Land verließen, fielen alle regulären Armeen der benachbarten arabischen Länder sowie die irakischen Streitkräfte und »Freiwillige« aus anderen arabischen Ländern ein, nachdem Israel am 14. Mai seine Unabhängigkeit erklärt hatte. Aus militärischer Sicht zählten die Ägypter, Syrer, Jordanier, Libanesen und Iraker zu den wichtigsten Angreifern. Im Gegensatz zu den Invasoren hatten die Juden, die bis dahin unter britischer Herrschaft lebten, keine Möglichkeit, eine Armee aufzubauen. Was ihnen zur Verfügung stand, waren geheime Untergrundorganisationen, die sich während des Krieges zu einer Armee entwickelten.

Der UN-Teilungsplan, der wegen des Krieges sofort völlig irrelevant wurde, geriet in Vergessenheit. In Vergessenheit geriet auch das Dilemma Jerusalems: Nicht nur wusste Israel nicht, wie es mit dieser künstlichen und rätselhaften Entität leben sollte, die als »Internationalisiertes Jerusalem« bekannt war. Die Transjordanier, die die Stadt für sich wollten, gingen gewaltsam vor. Die Speerspitze ihrer Invasion in Israel war Jerusalem, das zum Schauplatz besonders erbitterter Schlachten wurde. Am Ende wurde die Stadt gewaltsam zwischen Israel im Westen und Transjordanien (das zum Königreich Jordanien wurde) im Osten aufgeteilt.

Ein endgültiger Waffenstillstand zwischen allen Kombattanten wurde Anfang 1949 mithilfe der Vereinten Nationen entlang der Linien erreicht, die während der Kämpfe entstanden waren, an denen die Armeen haltmachten. Diese wurden faktisch zu Grenzen, die nicht auf Friedensverhandlungen basierten, sondern lediglich Waffenstillstandslinien darstellten, Grenzen des Krieges. Es waren zwar Grenzen, aber mit ihnen gingen viele gewalttätige Ereignisse einher, die schließlich zu wiederholten Kriegen führten. 1956 kämpfte Israel gegen Ägypten und besetzte die Sinai-Halbinsel und den Gaza-Streifen. Beide Gebiete musste es unter gemeinsamem Druck der Vereinigten Staaten und der Sowjetunion wieder verlassen. Und noch einmal im Jahr 1967, als es den Gaza-Streifen und die Sinai-Halbinsel erneut, diesmal bis zur Grenze des Suez-Kanals, besetzte. Da sich im selben Krieg von 1967 auch Jordanien und Syrien dem Feldzug gegen Israel angeschlossen hatten, eroberte Israel von Jordanien die Westbank (oder in der Bibelsprache: »Judäa und Samaria«) und das Syrische Hochplateau, das seitdem als Golan-Höhen bekannt wurde.

Unmittelbar nach dem Ende der Kämpfe behauptete Israel, alle seine Eroberungen seien nichts weiter als ein Druckmittel, um Frieden zu erreichen. Es behauptete, dass es im Austausch für vollständigen und echten Frieden, wie er zwischen den Ländern Westeuropas herrscht, alle besetzten Gebiete zurückgeben würde.

Frage: Wenn Ägypten, Jordanien und Syrien den israelischen Vorschlag angenommen hätten, hätte Israel dann seine Verpflichtung erfüllt und tatsächlich alle besetzten Gebiete verlassen? Einige glauben, dass, wenn die Araber sofort am Ende der Kämpfe auf das Angebot reagiert hätten, Israel Wort gehalten hätte. Es mag so sein. Doch als sich die arabischen Länder Ende August 1967 in Khartoum versammelten, sah sich Israel von seinem Versprechen befreit. In Khartoum erklärten die arabischen Länder einstimmig, dass sie keine Verhandlungen mit Israel führen, es nicht anerkennen und keinen Frieden mit Israel schließen würden.

Was wäre passiert, wenn die arabischen Länder direkten Verhandlungen und einem Frieden mit Israel zugestimmt hätten? Eine große Frage, denn zwischen dem Ende der Feindseligkeiten im Juni und dem arabischen Gipfel in Kairo vergingen mehr als drei Monate.

Später verliebte sich Israel in die besetzten Gebiete. Mehr noch: Am Vorabend des Krieges herrschte in Israel eine bedrückende Atmosphäre. In der Bevölkerung herrschte eine irrationale Kriegsangst, fast Hysterie. Das Oberrabbinat qualifizierte Flächen für Massengräber in den Städten. Der massive und vollständige israelische Sieg über Ägypten, Jordanien und Syrien in sechs Tagen verblüffte nicht nur die Besiegten, sondern auch die Sieger selbst. Die Atmosphäre des Kriegsschocks verwandelte sich für viele schnell in eine Atmosphäre des Siegesrauschs. Eine Atmosphäre des »Nur ich und ich allein!«, und sie erreichte eine messianische Atmosphäre. Eine Atmosphäre, die von einigen Rabbinern gefördert wurde, allen voran vom obersten Militärrabbiner, Rabbi Schlomo Goren. Dieser machte einen theatralischen Road-Trip zu »befreiten heiligen, historischen und biblischen« Orten.

In dieser Situation gab es für die israelische Regierung

fast keine Möglichkeit, ernsthafte Friedensverhandlungen zu führen, selbst wenn sie dies wollte. Derjenige, der das verstand, war Anwar as-Sadat, der neue ägyptische Präsident, der nach dem Tod des legendären Präsidenten Gamal Abdel Nasser im September 1970 in Ägypten an die Macht kam.

7.
Jom-Kippur-Krieg und Friedensvertrag zwischen Israel und Ägypten

An Jom Kippur, dem höchsten jüdischen Feiertag, überquerten im Oktober 1973 ägyptische Streitkräfte den Suez-Kanal und stürmten die israelischen Stellungen und Bunker am Ostufer des Kanals. Die israelischen Streitkräfte waren überrascht. Die Sorglosigkeit, an die sie seit Langem gewöhnt waren, beherrschte sie an diesem ruhigsten Tag, den es im Judentum gibt, mehr als sonst. Bald eroberten die Ägypter mehr oder weniger alle israelischen Stellungen entlang des Kanals und nahmen die überlebenden israelischen Soldaten gefangen. Und doch war Präsident Sadats brillanter Angriffsplan an Jom Kippur nicht durchschlagend erfolgreich. Es gibt wenige derartige Festtage in Israel und auf der Welt, die so strikt eingehalten werden wie Jom Kippur. An diesem Tag werden nicht nur alle Arbeiten eingestellt, sondern ausnahmslos alles schließt, sogar Lebensmittelgeschäfte und Apotheken. Auch alle Transportmittel ruhen dann. Jeder Mensch kann sich zu Fuß auf jedem Weg und auf jeder offenen Straße fortbewegen, auch auf Hauptstraßen, ohne befürchten zu müssen, von einem Fahrzeug angefahren zu werden.

Diese Situation ermöglichte es der israelischen Armee, sich in Rekordgeschwindigkeit zu organisieren, ihre Reservekräfte, die ihre Stärke sind, zu mobilisieren und auf vielfältige Weise, von Hindernissen und Straßenverkehr befreit, das ganze Land und die gesamte Sinai-Halbinsel bis zur Front gegen den ägyptischen Durchbruch entlang des Suez-Kanals, zu durchqueren. Am Ende eroberte Israel alle verlorenen Gebiete zurück und überquerte sogar den Kanal nach Westen, hundert Kilometer hinein nach Ägypten bis vierzig Kilometer vor Kairo.

Aus rein militärischer Sicht hat Israel den Krieg gewonnen. Aber aus moralischer und politischer Sicht triumphierte Ägypten, während sich die meisten Israelis besiegt fühlten, da zweitausend israelische Soldaten bei den Kämpfen ums Leben gekommen waren.

Der Schock in Israel ließ nicht nach und führte schließlich zu einem Regierungswechsel in Jerusalem. Im Jahr 1977 kam die rechtsnationalistische Partei »Likud« zum ersten Mal in der Geschichte Israels an die Macht.

Entgegen der allgemeinen Hypothese suchte der Likud-Chef, der neue Premierminister Menachem Begin, keinen Krieg, sondern einen Weg zum Frieden. In Ägypten fand er einen Anführer, der seit seiner Machtübernahme 1971 einen Weg in die gleiche Richtung suchte: Anwar as-Sadat.

Eine kurze Verhandlung führte zu einem Friedensvertrag, in dem Israel alle von Ägypten eroberten Gebiete mit Ausnahme des dicht besiedelten palästinensischen Gaza-Streifens aufgab. Seine Gesamtlänge beträgt vierzig Kilometer, und seine Breite reicht von 5,7 bis 11,7 Kilometer.

Im Jahr 1948 lebten dort 130.000 Menschen. Heute sind es 2.200.000 Menschen. Der Gaza-Streifen grenzt im Westen an das Mittelmeer und im Norden und Osten an Israel. Im Süden jedoch grenzt er an Ägypten. Begin behauptete in seinen Verhandlungen mit Ägypten, dass der Gaza-Streifen nicht ägyptisch, sondern palästinensisch sei, und Sadat gab Begin in dieser Angelegenheit gerne nach. Wie wenig Interesse die Ägypter an der Rückgabe des Gaza-Streifens hatten, lässt sich auch heute noch an der weitgehend geschlossenen Grenze von ägyptischer Seite aus erkennen. Ganz einfach formuliert: Bei aller arabischen Solidarität bevorzugen arabische Länder, die Palästinenser so weit wie möglich von sich entfernt zu wissen.

Im August 2023 hörten wir von den Absichten Saudi-Arabiens, diplomatische Beziehungen mit der palästinensischen Regierung in Ramallah aufzunehmen. Eine Präzedenzentscheidung im diplomatischen Leben. Die palästinensische Regierung ist nicht unabhängig, sondern eine autonome Regierung unter der israelischen Besatzungsregierung, die das Gebiet mit harter Hand kontrolliert. Um die Westbank zu betreten oder zu verlassen, benötigt man die Genehmigung des israelischen Gouverneurs. Der saudische Botschafter in Jordanien, der auch ein nichtansässiger Botschafter in Palästina, also westlich des Jordan-Flusses, sein möchte, benötigt zunächst die Genehmigung des israelischen Gouverneurs, um die Westbank zu betreten. Der saudische Botschafter in Jordanien hat jedoch überhaupt nicht vor, einen Antrag auf Genehmigung zu stellen. Schließlich hat er es mit den Palästinensern zu tun und nicht mit dem Staat Israel. Deshalb sandte

Botschafter Nayef bin Bandar al-Sudairi sein Beglaubigungsschreiben aus Jordanien an den palästinensischen Präsidenten Mahmoud Abbas in Ramallah und reiste nicht selbst dorthin. Der palästinensische Präsident erhielt also das Beglaubigungsschreiben, ohne den eigentlichen Besitzer zu Gesicht zu bekommen.

Es besteht Einigkeit darüber, dass der saudische Schritt nicht darauf abzielt, den Palästinensern bei der Gründung eines unabhängigen Staates zu helfen oder ihnen überhaupt zur Seite zu stehen. Ziel ist es, der saudischen Regierung Deckung und politischen Schutz zu bieten, wenn es darum geht, die Beziehungen zu Israel zu festigen. Und warum braucht die saudische Regierung diesen Schritt, der in der öffentlichen Meinung sehr unpopulär ist? Schließlich braucht sie Israel nicht wirklich. War bis vor Kurzem noch die Meinung vorherrschend, dass Saudi-Arabien ebenso wie die Golf-Staaten Israel als Verbündeten im Kampf gegen den Iran benötige, so hat Saudi-Arabien inzwischen diplomatische Beziehungen mit dem Iran aufgenommen. Es hat auch seine Beziehungen zu China intensiviert, und vor allem intensiviert es seine Beziehungen zu den Vereinigten Staaten deutlich, während diese eifrig kooperieren.

Obwohl Präsident Biden nach der Ermordung von Jamal Khashoggi, dem im Exil lebenden saudischen Journalisten mit amerikanischem Pass, im saudischen Konsulat in der Türkei beschlossen hatte, das saudische Regime und insbesondere seinen Herrscher, Kronprinz bin Salman, zu boykottieren, haben sich die Dinge seitdem grundlegend geändert. Biden biss in den sauren Apfel und reiste nach Saudi-Arabien, um Mohammed bin Salman seine Ehre zu bekunden. Er begann langwierige Verhandlungen, um seine Beziehungen mit dem verhassten Herrscher auszubauen, einschließlich der Lieferung der neuesten von den Vereinigten Staaten entwickelten Waffen an bin Salmans Armee. Der saudische Kronprinz konnte also diplomatische Beziehungen gerade zu seinem gefährlichsten Feind, dem Iran, aufnehmen und stärkte, zum Leidwesen Washingtons, seine Beziehungen zu China. Und das Ergebnis ist: Die Amerikaner machen ihm den Hof.

Warum braucht er also Israel? Zunächst ist zu bedenken, dass der Iran trotz der Aufnahme diplomatischer Beziehungen immer noch der größte Konkurrent Saudi-Arabiens ist, sowohl politisch als auch militärisch und religiös. Während der Iran das schiitische Lager im Islam anführt, führt Saudi-Arabien heute mehr als Ägypten das sunnitische Lager an. Zweitens lohnen sich die Beziehungen zu Israel für Riad kommerziell und wirtschaftlich und natürlich auch als weiterer Schlag gegen den Iran. Aber das Wichtigste, was Saudi-Arabien zu einer Verständigung mit Israel drängt, ist der amerikanische Druck. Trotz Bidens tiefer Feindseligkeit gegenüber Benjamin Netanjahu brauchen die Vereinigten Staaten Israel. Es ist zwar ein kleines Land, zerrissen von internen Kämpfen, wirtschaftlich, militärisch und politisch von den Vereinigten Staaten abhängig, aber es dient immer noch als starker und stabiler Stützpunkt der Amerikaner im Nahen Osten. Israel seinerseits hat seit seiner Gründung nach Rissen in der arabischen Welt gesucht, die die arabische Blockade erleichtern könnten. Und irgendwie muss es versuchen, dem Fluch standzuhalten, der auf ihm ruht: »Von deinem Schwerte wirst du dich nähren.« Heutzutage gibt es in Israel Menschen, die sich fragen, ob die absolute Unterstützung der Vereinigten Staaten tatsächlich für immer garantiert ist. Die ersten Risse wurden in letzter Zeit in wichtigen Kreisen der Demokratischen Partei beobachtet, sogar unter jüdischen politischen Figuren.

8.
Regierungskoalition mit extremistischen Parteien und rosa Champagner

Benjamin Netanjahu kam, wie bereits erwähnt, am 29. Dezember 2022 zum sechsten Mal an die Macht, nach nur anderthalb Jahren in der Opposition. Seine neue Regierung baute er auf einer beispiellosen Koalition auf. Von den 120 Abgeordneten der Knesset unterstützen ihn 64. Dieser Erfolg ist unter anderem darauf zurückzuführen, dass zwei Parteien seiner Gegner die Sperrquote von vier Knesset-Abgeordneten nicht überschritten haben. Der Sieg ist rechtens und eindeutig, und in Israel gibt es keinen Donald Trump, der dagegen Berufung einlegen würde. Die historische und dramatische Neuerung liegt nicht in den Wahlen und ihren Ergebnissen, sondern in der neuen Regierungskoalition, die Netanjahu gebildet hat. Diese Koalition besteht nicht, wie so oft in der Vergangenheit, aus seiner rechtsnationalistischen Partei Likud, die nur mit den orthodoxen und ultraorthodoxen Parteien kooperiert. Diesmal setzt sie erstmals auch auf neue Parteien der extrem nationalistischen religiösen Rechten: die Partei »HaTzionut HaDatit« (Der religiöse Zionismus) unter der Führung von Bezalel Smotrich und die Partei »Otzma

Jehudit« (Jüdische Stärke) unter der Führung von Itamar Ben Gvir. Die Polizeiakten der Parteiführer, die Straftaten mit nationalistischem Hintergrund dokumentieren, sagen viel aus. Smotrich diente trotz seines extremen und hitzigen Nationalismus nur für einige Monate als Gemeindeverwalter in der Armee, während Ben Gvir überhaupt keinen Wehrdienst leistete.

Es war kein Wunder, als bekannt wurde, dass Itamar Ben Gvir von Netanjahu das »Ministerium für innere Sicherheit« für sich verlangte und erhielt, das er sofort in »Ministerium für nationale Sicherheit« umbenannte. Dieser Wunsch wurde ihm ohne Weiteres und sofort erfüllt. Bezalel Smotrich forderte zunächst das Verteidigungsministerium und stimmte dann der Leitung des Finanzministeriums zu, war damit jedoch nicht ganz zufrieden. Finanzminister ja, aber nicht nur. Er wollte auch Verteidigungsminister werden, gab sich schließlich mit den Finanzen »zufrieden« und bekam auch eine eigens für ihn geschaffene Position eines »zweiten Verteidigungsministers«. In seiner Funktion als Verteidigungsminister erhielt er tatsächlich die zivile Kontrolle über die Westbank (Judäa und Samaria) und den dortigen Siedlungsbau. In seinen Händen liegt daher die Macht, das besetzte Gebiet zu finanzieren und zu kontrollieren, so wie es sein Ziel und das Ziel seiner Partei war. Eine seiner ersten Ministerentscheidungen war das Einfrieren der Hilfsgelder, die an Gemeinden gehen, in denen die Mehrheit der arabischen Bürger Israels lebt. Dies verstößt nicht nur gegen das Gesetz, sondern ist auch völlig gegen den Rat von Experten und Beamten des Finanz- und Verteidigungsministeriums. Und Protest kam nicht nur von Ministerialfachleuten, sodass er diese Maßnahme wieder rückgängig machen musste.

Itamar Ben Gvir stand ihm in nichts nach, wenn es um »grundlegende« Entscheidungen oder zumindest um endlose Erklärungen zu seinen ministeriellen Absichten ging. Mit Ausnahme des sofortigen Eingreifens in operative Angelegenheiten, die dem Polizeikommissar vorbehalten sind und in die sich bisher kein Polizeiminister eingemischt hatte, kündigte er seine Absicht an, ein neues Sicherheitsorgan, quasi eine parallele Polizei, einzurichten, die nur ihm unterstellt werden soll. Natürlich weiß niemand, woher das Budget für dieses neue Organ kommen wird.

Diese beiden neuen Minister lösten sofort heftige Proteste in der breiten Öffentlichkeit aus. All dies schien die Ruhe des Premierministers jedoch nicht zu stören, der sich nicht die Mühe machte, seine Meinung zu diesem Thema zu äußern.

Im Allgemeinen mag Netanjahu es nicht, Fragen von Journalisten zu beantworten, und hat aufgehört, in Israel Interviews zu geben. Er wird in den amerikanischen Medien sehr oft von Journalisten interviewt, die sich nicht ausreichend mit den Besonderheiten der israelischen Innenpolitik auskennen. Er kann also sagen, was er will. Den israelischen Medien bleibt dann keine andere Wahl, als seine Worte aus den Vereinigten Staaten zu zitieren.

Fast gleichzeitig mit der Bildung der sechsten Netanjahu-Regierung im Januar 2023 wurde bekannt, dass sie blitzschnell neue und revolutionäre Gesetze verabschieden wolle. Im Wahlkampf der Likud-Partei wurde über dieses Programm überhaupt nicht gesprochen. Nicht einmal ein

Hinweis. Es traf die Öffentlichkeit wie ein Blitz aus heiterem Himmel. Die Regierung kündigte ihre Absicht an, die seit der Staatsgründung bestehenden Grundgesetze des Landes zu ändern und die Befugnisse des Justizsystems tatsächlich auf die Regierung zu übertragen. Da der Staat Israel keine Verfassung hat und das Parlament von der Koalitionsmehrheit, sprich der Regierung, kontrolliert wird, hat die Regierung tatsächlich die absolute Kontrolle.

Sobald die Absichten der Regierung bekannt wurden, kam es im Land zu riesigen beispiellosen Demonstrationen. Sehr stürmische Demonstrationen, aber ohne jegliche Ausschreitungen. Nach und nach begann die Polizei, zunehmend gewaltsam gegen die Demonstranten vorzugehen. Dabei stellten sich sogar hochrangige Polizeibeamte gegen die neue, vom Minister diktierte Politik. Der Polizeikommandeur des wichtigsten Bezirks Tel Aviv, in dem die meisten Proteste stattfanden, wurde sogar vom Dienst suspendiert. Aber es liegt in der Natur des Menschen, auf sich selbst und seine eigenen Interessen zu achten, so auch die Polizeioffiziere. Ihr Minister und ihr ehemaliger Gefangener, Itamar Ben Gvir, entscheidet heute über das Schicksal ihrer Karrieren, wenn nicht sogar über ihren Lebensunterhalt selbst.

Muss Netanjahu diesen beiden Ministern so viel Macht und Autorität einräumen? Hat er nicht mögliche Alternativen, die ihren Platz in der Koalition einnehmen könnten, um die Stabilität und den Fortbestand seiner Herrschaft zu gewährleisten? Schließlich haben weder Smotrich noch Ben Gvir eine Alternative. Es gibt keine andere Regierung, die sie aufnehmen wird. Sie haben keinen Handlungsspielraum. Ihr politisches Schicksal hängt von Netanjahu ab und nicht umgekehrt! Warum muss er sich also ständig ihren Spielchen unterwerfen?

Die Antwort auf dieses Dilemma liegt in Netanjahus Hauptbeschäftigung, wenn nicht der einzigen in den letzten Jahren: Es ist der Prozess, der seit drei Jahren gegen ihn wegen Korruption läuft. Netanjahu weiß sehr gut, was mit einem seiner Vorgänger im Amt des Premierministers passiert ist: Ehud Olmert, der politisch in der Likud-Partei aufgewachsen und von 2006 bis 2009 Premierminister war, wurde wegen Korruption zu einer Haftstrafe verurteilt. Er saß in den Jahren 2016 und 2017 etwa anderthalb Jahre im Gefängnis, weil er Straftaten begangen hatte, die viel weniger schwerwiegend waren als diejenigen, die Netanjahu vorgeworfen werden.

Die Lösung, die sich Netanjahu vorstellt, um sich von der juristischen Bedrohung für ihn zu befreien, besteht in der Abschaffung des Justizsystems. Für diese Aufgabe wird er keine anderen Unterstützer als seine derzeitigen Koalitionspartner finden. Und diese werden ihm begeistert weiterhelfen.

Genau mit dieser Aufgabe beschäftigt sich die israelische Regierung seit Anfang 2023, während sie äußerst wichtige Themen aufschiebt, als wären sie zu vernachlässigen. Und gerade diese Themen, die als zweitrangig bewertet und aufgeschoben werden, sind die wichtigsten und wirklich schicksalhaften.

Die Gefahr für das ganze Land durch dieses Verhalten von Netanjahu und seinen Partnern wird von einem Mitglied von Netanjahus Partei und Partner, Yoav Gallant, deutlich gespürt, dem Mann, den Netanjahu zum Verteidigungsminister ernannt hat, dem Minister, der traditionell dem wichtigsten Ressort in Israels Regierung vorsteht. Im März ging Yoav Gallant ein Risiko ein und äußerte in einem Interview mit den Medien seine Meinung, dass die Beschäftigung mit dem Thema »Justizreform«, das der Premierminister seit März mit so viel Nachdruck vorantreibt, auf einen unbekannten Zeitpunkt verschoben werden sollte.

Wie erwähnt, reagierte Netanjahu sofort und ohne zu zögern: Er gab eine öffentliche Erklärung heraus, in der er Gallants sofortige Entlassung aus der Regierung ankündigte. Die Rücknahme der Entlassung folgte kurz darauf nach Massenprotesten.

Allen Beobachtern zufolge handelte es sich bei den Personen, die gegen Gallants Entlassung protestierten, um Mitglieder der breiten Öffentlichkeit und nicht um Likud-Mitglieder oder andere Unterstützer der Koalition. Warum geriet Netanjahu dann so schnell in Panik und kapitulierte? Vielen Beobachtern zufolge war dies ein Zeichen dafür, dass der Premierminister allmählich begreift, dass er die Proteste dieses Mal anders als in der Vergangenheit ernst nehmen und begreifen muss, und dass er im Gegensatz zu 2011 diesmal den Widerstand der Bevölkerung nicht durch pure Verleugnung überwinden wird. Zu diesem Zeitpunkt befanden sich die Dauerdemonstrationen bereits im dritten Monat. Eine entschlossene Öffentlichkeit, die sich nicht gegen eine hochrangige Likud-Regierungsfigur richtete, sondern eher zu ihren Gunsten protestierte! Aber wenn die meisten Demonstranten keine Anhänger der Opposition waren, gegen wen und was protestierten sie dann? Sie protestierten leidenschaftlich gegen Netanjahu und seine persönliche Entscheidung!

Es hätte niemanden überrascht, wenn Netanjahu nach dieser beschämenden Niederlage den Versuch der Verfassungsrevolution gemäß Gallants Vorschlag aufgegeben oder ihn zumindest pausiert hätte. Das hätte dem Protest sofort den Wind aus den Segeln genommen. Aber er bestand tatsächlich darauf weiterzumachen, als wäre nichts gewesen. Warum? Was ist ihm an den »kleinen und marginalen« Reparaturen (wie er sie in einem Interview mit dem amerikanischen Fernsehen nannte) so wichtig, die ihm so großen Schaden zufügen? Schließlich hat sich die öffentliche Meinung so stark verändert, dass er laut Umfragen große Verluste erleiden würde, wenn heute Wahlen stattfinden würden. Mit anderen Worten: Ein beträchtlicher Teil seiner Stammwähler, traditionelle Likud-Anhänger, würde auch gegen ihn stimmen!

Die Erklärung für dieses rätselhafte Verhalten eines Mannes, der als Zauberer in der Innenpolitik und in Parteibewegungen gilt, liegt einzig und allein in dem, was Netanjahu heute wirklich wichtig ist und ihn mehr als alles andere beschäftigt: seinem Prozess! Um nicht wie der ehemalige Ministerpräsident Ehud Olmert im Gefängnis zu landen, muss er, so scheint er zu denken, das unabhängige Justizsystem abschaffen. Netanjahu wurde durch die Entscheidung des Generalstaatsanwalts, dem die Klagen gegen Netanjahu bereits 2016 vorgelegt wurden, vor Gericht gestellt. Aber dieser, Avichai Mandelblit, ein religiöser Mann, der eine Kippa trägt, war viele Jahre lang einer von Netanjahus treuesten Vertrauten. Er erhielt von Netanjahu eine ganze Reihe wichtiger Posten, darunter seine einflussreiche Ernennung zum Rechtsberater der Regierung (die in Israel traditionellerweise parallel zur Stelle des Generalstaatsanwalts geführt wird). Und genau ihm wurde die Aufgabe übertragen, über das Schicksal seines Freundes und Wohltäters zu entscheiden. Fast drei Jahre lang quälte sich Mandelblit mit Zögern und dachte darüber nach, wie er den Fluch, der auf ihm lastete, loswerden könnte. Er wies einige der Anschuldigungen zurück und schloss einige der Verfahren gegen Netanjahu, aber er konnte nicht alle abweisen. Für einige von Netanjahus Handlungen, die ihm nun vorgeworfen werden, gab es viele Zeugen, darunter sogar bekannte Persönlichkeiten. Einige der Taten, die ihm zur Last gelegt werden, waren sogar für die Öffentlichkeit sichtbar. Die Witzeerzähler meinten, dass Netanjahu der Person ähnele, die wegen Urinierens in einem öffentlichen Schwimmbad vor Gericht stand. Als der Richter ihn fragte, warum er das getan habe, antwortete er: »Was ist das Problem? Jeder macht es!« »Vielleicht«, antwortete der Richter, »aber nicht vom Sprungbrett hinab!«

Einige der riesigen Geschenke, die Benjamin und seine Frau Sara Netanjahu von ihren milliardenschweren Gästen in Israel und im Ausland forderten und erhielten, wurden publik und schockierten die Öffentlichkeit. Das berühmteste von allen war das Lieblingsgetränk des erhabenen Ehepaars: rosa Champagner. Die Geschichten, die über die riesigen Mengen von rosa Champagner kursierten, die kistenweise in der Residenz des Premierministers in Jerusalem und im Privathaus der Familie Netanjahu lagerten, überstiegen alle Vorstellungskraft. Auf die Frage, wie viel rosa

Champagner das Paar am Ende trinken kann, lautete die Antwort: für immer. Sie bauten sich in ihrem Haus einen Champagnerkeller, der ihnen beiden ein Leben lang dienen würde. Und es blieb nicht nur beim Champagner. Hinzu kamen Zigarren aus Havanna, deren geschätzte Menge auch öffentlich diskutiert wurde. Gerüchten zufolge forderte und erhielt das Paar, dessen Privatvermögen auf etwa fünfzig Millionen NIS (rund dreizehn Millionen Euro) geschätzt wird, immer wieder andere Geschenke. Und wenn Sie den einfachen Israeli auf der Straße fragen: Woher kommt das Geld? Schließlich lebten beide Ehepartner, ebenso wie ihre Vorfahren, ihr ganzes Leben lang nur von Gehältern? Sie werden Ihnen sagen: von der Korruption. Die Wahrheit ist, dass der sehr begabte und gefragte Redner Netanjahu viele Jahre lang ein beeindruckendes Vermögen für seine Vorträge erhielt, hauptsächlich in den Vereinigten Staaten. Und wenn das keine zufriedenstellende Antwort sein sollte, gibt es noch die Geschichten über Netanjahus Geiz. Überall gibt es Personen, die davon berichten können, wie Netanjahu, noch bevor er berühmt wurde, sie zum Essen in Restaurants einlud und seine »Gäste« dann mit verschiedenen Tricks dazu bewegte, für die Mahlzeiten zu bezahlen.

In den letzten Jahren geht es nicht mehr um Gerüchte und Klatsch. Diesmal ist es ein Prozess. Ein Prozess, der in Israel noch nie da gewesen ist. Der ehemalige Premierminister Ehud Olmert und andere prominente Persönlichkeiten wie der frühere Staatspräsident Moshe Katsav standen vor einem weitaus schwerwiegenderen Prozess. Nach dem oben erwähnten Wegfall von einigen Klagen gegen Netanjahu sah sich Generalstaatsanwalt Mandelblit im Januar

2020 schließlich dazu gezwungen, vier Anklagen einzurei-
chen, wonach der Prozess am 24. Mai 2020 eröffnet wurde.
Dem Premierminister werden Betrug, Untreue und Beste-
chung in drei Fällen vorgeworfen.

Somit war Netanjahu, der sich hartnäckig weigerte, zu-
rückzutreten, der erste Premierminister in Israel, der während seiner Amtszeit vor Gericht stand. Sein Antrag auf
Immunität wurde abgelehnt.

9.
Netanjahus Werdegang

Benjamin Netanjahu wurde 1949 in Israel geboren, ein Jahr nach der Unabhängigkeitserklärung des Staates. Sein Vater wanderte Anfang der zwanziger Jahre des letzten Jahrhunderts von Polen nach Palästina aus. Sein Großvater diente als Rabbiner in Warschau. Der Familienname war damals Milikovski, ein Name, der vom Vater Ben Zion, der als bedeutender Historiker und einer der Chefredakteure der Hebräischen Enzyklopädie bekannt war, hebraisiert wurde. Ben Zion Netanjahu, der hundertzwei Jahre alt wurde, war nicht nur ein großer Intellektueller, sondern auch ein energischer politischer Aktivist. Ende der 1930er-Jahre begab er sich auf Mission in die Vereinigten Staaten und blieb dort zeitweise bis Ende der 1970er-Jahre. Der inoffizielle Grund für dieses lange »Exil« waren seine Schwierigkeiten in seiner Partei, der »Herut« (Freiheitspartei), jetzt »Likud«. Dies lag an seinen politischen Ansichten, die selbst für die Führer seiner rechtsnationalistischen Partei zu rechtsextrem waren. Beispielsweise machte er 1947 mit einer starken öffentlichen Aktion gegen den Teilungsplan der Vereinten Nationen mobil, den Plan, der die Herrschaft des britischen Mandatsgebiets in Palästina beendete und den Plan zur Aufteilung des Territoriums des britischen Mandatsgebiets in zwei unabhängige Staaten, einen arabischen und einen jüdischen Staat, vorlegte. Während die jüdische Welt das historische Ereignis, von dem die Juden der Welt seit zweitausend Jahren träumen, mit beispielloser Begeisterung und Aufregung feierte, wandte sich Ben Zion Netanjahu in New York gegen den UN-Plan. Anfang der 1920er-Jahre lehnte er nicht nur den Teilungsplan des sogenannten »westlichen Landes Israel« ab, sondern auch die Teilung des »gesamten Landes Israel« durch den damaligen britischen Kolonieminister Winston Churchill. Damals gründete Großbritannien das Haschemitische »Emirat Transjordanien« (ab 1946 das »Königreich Transjordanien«, später das »Haschemitische Königreich Jordanien«).

Übrigens ist es interessant zu überprüfen, wie die Karte des »vollständigen Landes Israel« ermittelt wurde. Wann und von wem? Zur Zeit der Bibel gab es keine solche Karte. Die biblischen Königreiche Israel und Juda herrschten nur für sehr kurze Zeit in isolierten Teilen östlich des Jordans. Sie hatten auch nie die Macht über mehrere andere Teile, die heute ein integraler Bestandteil des Staates Israel sind, nämlich Gebiete westlich von Jordanien. Nach dem Fall der Osmanen wurde in Israel eine Karte in Umlauf gebracht, die in den Augen des jüdischen Volkes heilig wurde. Eine Karte des »vollständigen Landes Israel«, das Land auf beiden Seiten des Jordans und darauf die Inschrift: »Zwei Ufer des Jordans, dieses gehört uns, dieses gehört uns auch«, ein Slogan, der zu einem Lied, einer Art Hymne im rechten Lager wurde. Niemand fragte, woher diese Karte stammt:

Moses? König David? Hasmonäisches Königreich? Vielleicht fragten sie nicht, weil sie die Antwort nicht hören wollten: Dies ist eine Karte, die die Briten 1916 willkürlich erstellt hatten. Damals teilten sie und die Franzosen den Nahen Osten, quasi das Fell des noch nicht gejagten Bären, unter sich auf. Die von den künftigen Besatzern in ihren eigenen Augen gezogenen Linien des »Landes Israel« waren willkürliche, künstliche Linien, ohne Berücksichtigung lokaler Gegebenheiten, weder demografischer noch geografischer Art. Man sehe sich heute die Karte des Königreichs Jordanien an: Die meisten Grenzlinien sehen aus wie gerade, durchgehende Linien eines Innenarchitekten. Das war die Praxis der Kolonialisten in Afrika. Ist dies das »biblische Heilige Land«, das Gott persönlich Moses auf dem Berg Sinai versprochen hatte?

Zugegebenermaßen dachte die Familie Netanjahu so. Den 1947 in New York verteilten Proklamationen zufolge waren sie jedenfalls von Benjamin Netanjahus Vater unterzeichnet.

Netanjahus Anhänger sagen oft, ihr Anführer sei der Premierminister, der dieses Amt seit mehr Jahren innehat als jeder israelische Premierminister zuvor. Und in der Tat, wenn wir die israelische Geschichte seit unserer Unabhängigkeit meinen, dann ist das korrekt. Aber der Staat wurde nicht plötzlich, aus dem Nichts, im Jahr 1948 geboren. Mit viel Blut und Schweiß wurde er seit der zweiten Hälfte des 19. Jahrhunderts nach und nach aufgebaut. Das jüdische Volk in Palästina regiert seitdem autonom. Es erschuf für sich seine alte Sprache, das biblische Hebräisch, neu und aktualisierte sie für den modernen Gebrauch. Es etablierte ein autonomes Bildungssystem, in dem alle Studiengänge von Anfang an in der erneuerten Sprache gelehrt wurden. Es gründete sogar eine Universität in Jerusalem, die noch heute Hebräische Universität heißt. Es baute eine moderne Landwirtschaft und innovative Industrien auf, und natürlich eine nationale Verwaltung namens »Jewish Agency«, die im Grunde genommen wie eine moderne Regierungsverwaltung aufgebaut war. Dazu gehörte sogar ein auswärtiges Amt namens »Politische Abteilung« und Vertretungen im Ausland, die »Jewish Agency Offices« genannt wurden. Die Jewish Agency verfügte neben zwei kleinen, selbstständigen Untergrundorganisationen sogar über geheime Streitkräfte. Aber das waren Einheiten, die nicht über schwere Waffen oder See- und Luftstreitkräfte verfügten und von den Briten verfolgt wurden.

Seit 1930 wurde dieses gesamte System von der »Partei der Arbeiter Israels« (Mapai) kontrolliert, angeführt von David Ben-Gurion, der Person, die seit den frühen 1920er-Jahren unter den Führern des »Jischuw« (das jüdische Gemeindewesen in Palästina vor der Staatsgründung) dominierte. Er war kein Alleinherrscher. Wie oben erwähnt, herrschte er nicht einmal über alle Untergrundstreitkräfte und schon gar nicht über die Parteisysteme. Er hatte auch keine absolute Mehrheit in den Institutionen dieser autonomen Führung, und er regierte stets als Anführer einer Koalition. Ben-Gurion hatte einen Lieblingswitz: »Wer nicht an Wunder glaubt, ist kein Realist«, sagte er. Und es stimmt, dass sich der Aufbau des jüdischen Staates unter den Bedingungen, unter denen er seit dem 19. Jahrhundert errichtet wurde, weitgehend auf das beschränkte, was unlogisch und inakzeptabel erschien. Aber er fügte hinzu: »Eines der Wunder, an das man glauben muss, ist das Kommen des Messias. Er wird kommen, und alle Menschen werden mit endloser Aufregung jubeln. Jeder, jeder ohne Ausnahme wird ihm mit ganzem Herzen und ganzer Seele treu bleiben ... für eine Weile. Und nach und nach wird sich dem Messias gegenüber ein Widerstand bilden, es werden Parteien entstehen, und er wird auf der Grundlage einer Koalition und gegen eine Opposition regieren müssen. Aber dieses Wunder wird auf jeden Fall geschehen.«

Der Unterschied zwischen Ben-Gurion und Rechten wie Ben Zion Netanjahu war nicht grundsätzlich ideologischer Natur. In den demagogischen Reden aller Politiker ging es natürlich hauptsächlich um Ideologie: Kapitalismus (oder »freie Marktwirtschaft«) versus Sozialismus. Dies war in Israel der Fall, nicht unähnlich zu vielen internen Debatten in den demokratischen europäischen Ländern zu dieser Zeit. Aber in der Praxis drehte sich die eigentliche Debatte um nationale Themen. Der Anführer der Beitar-Bewegung, der Partei, aus der der Likud hervorgegangen ist, Ze'ev Jabotinsky, wollte sehr schnell und mit Gewalt vorankommen und wurde von den Briten bereits Anfang der 1920er-Jahre wegen Rebellion und Besitz illegaler Waffen festgenommen. Ben-Gurion wählte eine gemäßigte Sprache. Er dachte wie der Präsident der Vereinigten Staaten im ersten Jahrzehnt des 20. Jahrhunderts, Theodore Roosevelt: Speak softly and carry a big stick; you will go far (Sprich sanft und trage einen großen Knüppel, du wirst weit kommen). Er und Chaim Weizmann, der spätere erste Präsident des Staates Israel, sprachen über eine Zusammenarbeit mit den Briten. Zwischen ihnen und Jabotinsky gab es offenbar eine tiefe ideologische Debatte, aber nur scheinbar. Eigentlich war es nur ein taktisches Argument. Dasselbe Ziel, unterschiedliche Taktik.

Beide Seiten wollen das vollständige Land haben. Der eine, Jabotinsky, war leidenschaftlich, nationalistisch im Geiste der 1920er- und 1930er-Jahre in Europa, begeistert von militärischen Zeremonien oder Militärbildern und auf der Suche nach dramatischer Aktivität und allem, was dazugehört. Der andere, Ben-Gurion, war moderat und kalkulierend. Der Slogan der jüdischen Linken lautete: Noch ein Dunam (Landeinheit) und noch eine Kuh. Das Land Dorf für Dorf, Kibbuz für Kibbuz besiedeln. Nach und nach und in aller Stille eine neue Realität schaffen, ohne Provokationen und möglichst wenig Aufmerksamkeit erregen. Die Zeit für die große nationalistische Aktivität wird kommen, wenn wir genug Kraft haben und uns überall fest am Boden halten können. Die Pioniere bei der Umsetzung dieser Politik kamen allesamt aus den linken Parteien. Bis heute gibt es in Israel keinen einzigen Kibbuz, der von rechten Wählern bewohnt wird.

Netanjahu kehrte Ende der 1970er-Jahre aus den USA, wo er studiert und gearbeitet hatte, nach Israel zurück und trat in den israelischen Auswärtigen Dienst ein. Einer der wichtigen Likud-Politiker, Moshe Arens, später Verteidigungs- und Außenminister, wurde zum Botschafter in Washington ernannt und erwirkte, dass Netanjahu, ohne die gewöhnlichen Prozesse durchlaufen zu müssen, sein Stellvertreter wurde. Dies war der Beginn von Netanjahus Aufstieg. Als brillanter Redner wie kein anderer wurde er in den Vereinigten Staaten zum Star, und von dort aus verbreitete sich sein Ruhm auch nach Israel.

Als Arens seinen Posten in Washington beendete und nach Israel zurückkehrte, um hochrangiger Minister in Jerusalem zu werden, kümmerte er sich erneut um Netanjahu, der zum Botschafter bei den Vereinten Nationen in New York ernannt wurde. Von dort aus baute der brillante junge Mann seinen Wirkungskreis weiter aus. Ein leuchtendes Bild in den gesamten Vereinigten Staaten, ein Image, das kraftvoll nach Israel übertragen wurde.

1988 kehrte Netanjahu nach Israel zurück, diesmal, um dort dauerhaft zu leben. Er wurde in der Likud-Partei aktiv und baute dort seine Position aus. Bekannt geworden war er, wie bereits erwähnt, durch seine öffentlichen Auftritte in den Vereinigten Staaten. Noch wichtiger: Was seinen Erfolg in Amerika ausmachte, wirkte sich unmittelbar auf sein populäres Image in Israel aus, vor allem bei den Likud-Wählern. Seine fesselnden Reden mit seiner Radiostimme und sein jugendliches Aussehen brachten ihn schnell an die Spitze seiner Partei. Und nicht nur in seiner Partei verzeichnete er Erfolge. Mit seiner Überzeugungskraft gewann er auch außerhalb der Wählerschaft der Likud-Partei etliche Anhänger.

1977 kam die Likud-Partei zum ersten Mal in ihrer Geschichte an die Macht. Ihr Vorsitzender, Menachem Begin, war der erste Premierminister, der nicht der Arbeiterpartei angehörte. Begin war ein großer Veteran der israelischen Innenpolitik. Anführer einer Untergrundbewegung gegen die Briten, die von der Mehrheit des Volkes als »HaPorschim« (die Ausscheidenden) bezeichnet wird, einer Bewegung, die mit der Gründung des unabhängigen Staates Israel im Jahr 1948 im wahrsten Sinne des Wortes zu einer Partei wurde. Begin war 29 Jahre lang Oppositionsführer in der Knesset. Ein Mann, der viele politische Niederlagen erlitten hatte, während er den Kampf nie aufgab.

10.
Meine Mutter und ihr Besuch in Frankfurt am Main

Bekanntlich lebten im Staat Israel am Tag seiner Unabhängigkeitserklärung nur 650.000 Juden. Als Begin 1977
an die Macht kam, betrug die Zahl bereits etwa 3,6 Millionen. Der Zustrom von Einwanderern, der die Zahl der
jüdischen Einwohner im Land so dramatisch in die Höhe
trieb, veränderte nach und nach seine politische Struktur.
Israel gewährt fast automatisch jedem Juden, der nach Israel kommen und sich dort niederlassen möchte, die israelische Staatsbürgerschaft, ohne dass die alte dafür aufgegeben werden musste. Das bedeutet, dass selbst Bürger, die
fast nichts über das Leben in Israel wussten, an den Wahlen und an den Entscheidungen teilnahmen, die für ihr Leben verhängnisvoll waren. Die Mehrheit der Einwanderer
in jenen Jahren war mittellos und hatte Schwierigkeiten,
sich zu integrieren und ihr Leben wiederaufzubauen. Das
arme Land war mit haushaltsintensiven Sicherheitsproble-
men belastet. Es meisterte noch größere Schwierigkeiten
in Wirtschafts- und Haushaltsfragen. Großbritannien,
das das Land beleidigt verlassen hatte, entfernte den ent-
stehenden Staat aus dem Sterling-Block. Darüber hinaus

wurde Israel, dem es an natürlichen Reichtümern mangelt, von seinen Nachbarn – und noch schneller von seinen Wirtschaftspartnern – abgeschnitten. Die meisten Länder der Welt weigerten sich, das neue Land anzuerkennen. Dies ist auf den Druck arabischer Länder zurückzuführen, die vielen wichtiger waren als das kleine Land, an dessen Überleben viele nicht glaubten. Die ersten beiden Länder, die einen wesentlichen Beitrag zur Widerstandsfähigkeit und Entwicklung Israels leisteten, waren Deutschland und Frankreich. Das erste Land dank seines wirtschaftlich-industriellen Beitrags im Rahmen des Reparationsabkommens und das zweite dank der Lieferung seiner modernen Waffen.

Die meisten Israelis weigerten sich, mit Deutschen in Kontakt zu treten. Im israelischen Pass stach damals die Aufschrift hervor: »Gültig für alle Länder außer Deutschland«. Aber damals hatten die Bedürfnisse Vorrang vor den Gefühlen. Industrieexperten reisten für längere Zeit nach Deutschland, um sich für den Einsatz von Maschinen zu spezialisieren, die nach Israel geschickt werden sollten, oder auf andere deutsche Bereiche, in die man sich im Rahmen der Zahlungen einarbeiten musste. Sogar Deutsche, die sich nicht immer darüber freuten, waren gezwungen, nach Israel zu reisen, um für die ordnungsgemäße Verwendung der Produkte der deutschen Industrie zu sorgen. Es war ein schwieriger und sehr schmerzhafter Anfang in den Beziehungen zwischen den beiden Völkern. Vielleicht aber waren es die Schwierigkeiten und die tiefen Gefühle, die zu einem wirklichen und wirksamen Brechen des Eises zwischen vielen Mitgliedern der beiden Nationen führten.

Ich erlaube mir, hier ein persönliches Erlebnis zu erzählen, das unter anderem auch die Entwicklung meiner persönlichen Beziehung zu Deutschland prägte: Meine Mutter wurde 1912 mit dem Namen Selma Goldstein in Frankfurt am Main geboren. Völlig zufällig kam sie im Rahmen einer eigentlich kurzen Touristenreise nach Tel Aviv. Eine zwar kurze Reise, die jedoch lang genug war, um per Zufall die Person treffen zu können, die mein Vater wurde. Wie es sich für romantische junge Menschen gehört, verliebten sich die beiden blitzschnell und so sehr, dass meine zukünftige Mutter spontan beschloss, nicht auf ihr Schiff zurückzukehren und in Palästina zu bleiben. Nachdem sie dies ihren verblüfften Eltern in Frankfurt mitgeteilt hatte, erhielt sie ein Verweisungsschreiben und die Aufforderung, sofort und ohne Ausreden und Verzögerungen nach Deutschland zurückzukehren. Daraufhin antwortete sie mit einem dreisten und eines sehr jungen und sehr verliebten Mädchens »angemessenen« Ablehnungsbrief. Dieser Brief erhielt keine Antwort, und die Beziehung zwischen der Tochter und ihren Eltern wurde endgültig abgebrochen. Jahre später erfuhr meine Mutter, dass ihre Eltern in einem Konzentrationslager ermordet wurden. Der Schmerz, die Wut und auch die Gewissensbisse führten zu der Entscheidung, Deutschland völlig zu boykottieren. »Dieses Land und dieses Volk gibt es nicht mehr«, verkündete sie allen, die bereit waren zuzuhören, und oft auch denen, die das nicht unbedingt hören wollten. Als die Reparationsabkommen zwischen Israel und der Bundesrepublik unterzeichnet wurden, gehörte sie zu den wenigen, die diesen Vertrag rundweg ablehnten. »Denn von wem bekommst du das Geld? Von einem Deutschland, das nicht mehr existiert?«, fragte sie. »Oder von Böswilligen, die sich ein gutes Gewissen für den Preis eines Linsengerichts erkaufen wollen?«

35 Jahre nach Kriegsende folgte sie der Bitte meines Vaters und stimmte einer Einladung ihrer Heimatstadt Frankfurt zu. Sie stellte die Bedingung, dass sie einen Tag in Frankfurt verbringen würde, aber am Abend in ein Nachbarland weiterfliegen würde. In Deutschland, erklärte sie, werde sie nicht im Dunkeln bleiben! Und mein Vater, der eigentlich ein bisschen durch Deutschland, das er noch nie besucht hatte, touren wollte, hatte keine andere Wahl und stimmte zu. Meine Eltern verließen Israel um fünf Uhr morgens, landeten um neun Uhr in Frankfurt und blieben dort … eine ganze Woche. Eine weitere Woche reisten sie durch Deutschland. Wie kam es zu einer solchen Transformation?

Der Kontakt mit der Realität der Bundesrepublik war für sie ein neuer und überraschender Hauch frischer Luft. Der Kontakt mit den Deutschen, die sich von der Nazi-Vergangenheit distanzierten, an die moderne Demokratie glaubten und nicht selten versuchten, für die Verbrechen der Vergangenheit zu sühnen, hatte eine tiefgreifende Wirkung auf sie. Damals wie heute gab und gibt es in Deutschland eine Organisation junger Freiwilliger, die sich Aktion Sühnezeichen Friedensdienste e. V. nennt. Seine Mitglieder meldeten sich freiwillig, um Holocaust-Überlebenden auf jede erdenkliche Weise zu helfen. Natürlich unentgeltlich. Viele von ihnen arbeiten auch heute noch in Israel.

11.
Netanjahu vor Gericht – Einigung mit den Ultraorthodoxen – Israel und der Gaza-Streifen

Am 6. Januar 2021 stürmte ein wilder, wütender und gewalttätiger Mob das Kapitol in Washington. Die Menge verletzte Mitglieder des Parlamentes, Mitarbeiter und sogar Sicherheitspersonal. Die Bilder der materiellen Zerstörung, die sie anrichteten, verließen noch lange nicht die Fernsehbildschirme und Zeitungsregale. Das Ziel der Einbrecher bestand darin, gegen die sogenannte »Fälschung der Wahlergebnisse« zu protestieren, die etwa zwei Monate zuvor in den Vereinigten Staaten stattgefunden hatten – Wahlen, die der dann scheidende Präsident Donald Trump verloren, Joe Biden gewonnen hatte. Trump weigerte sich, die Ergebnisse der Wahlen zu akzeptieren, und erklärte, sie seien manipuliert worden. Keine der offiziellen Prüfungen und Untersuchungen, die eindeutig bewiesen haben, dass Trumps Behauptungen nicht der Realität entsprechen, konnten seine Anhänger überzeugen. »Alles ist gefälscht, betrogen und gelogen«, behaupteten sie. Selbst fast drei Jahre nach diesen Wahlen halten Trumps Anhänger weiterhin an ihrer Behauptung fest.

Mittlerweile hat sich Trump in ernste Probleme verwi-

ckelt: Ihm wird der Prozess gemacht wegen Korruptionsvorwürfen und Gesetzesverstößen, die teilweise sogar für
alle Welt fotografisch dokumentiert wurden. Zum Beispiel
die Stapel geheimer Akten, die der scheidende Präsident
entgegen dem Gesetz aus dem Weißen Haus entfernte
und in sein Privathaus brachte. Trump steht nach endlosen Kontrollen und Ermittlungen durch die Justizbehör-
den vor schwerwiegenden Gerichtsverfahren. Die Akten
gegen ihn umfassen eineinhalb Millionen Seiten. Ihm
droht sogar eine Gefängnisstrafe. Dies hindert ihn allerdings nicht daran, seine Kandidatur für die nächsten Wahlen im November 2024 erneut anzumelden. Wie kann sich
ein solcher Mensch, bei diesen komplexen und für ihn gefährlichen Verfahren, vorstellen, dass die Wähler für ihn
stimmen werden? Und natürlich war er nicht der einzige
Kandidat für die Krone der republikanischen Partei: Ihm
standen acht weitere Kandidaten gegenüber! Nun, Anfang
März 2024, ist ihm die Kandidatur für die Republikanische
Partei quasi sicher.

Es gibt keinen Ort, der Benjamin Netanjahus Herz und
Verstand näher liegt als die Vereinigten Staaten. Er gibt nur
den amerikanischen Fernsehsendern Interviews (nicht den
israelischen! An sie sendet er aufgezeichnete Nachrichten).
Und es gibt kein Land, das ihn mehr interessiert als die
Vereinigten Staaten. In einer seiner öffentlichen Bekannt-
machungen in den Vereinigten Staaten erklärte er: »Ich bin
ein Republikaner!«

Warum sollte er dann nicht von Trump lernen? Netanjahu steht seit drei Jahren vor einem komplizierten und
komplexen Prozess wegen Korruptionsvorwürfen. Stört

ihn das politisch? Hindert es ihn daran, Wahlen zu gewinnen oder Partner für seine Koalition zu finden? Ebenso wie die Anhänger des ehemaligen Präsidenten der Vereinigten Staaten sind die meisten Anhänger Netanjahus davon überzeugt, dass alle Anschuldigungen gegen ihn Lügen, Verschwörungen und Fälschungen einer eifersüchtigen und manipulierten Justiz sind. Deshalb unterstützen sie auch die Pläne Netanjahus und seiner Partner, das Justizsystem zu kastrieren.

Netanjahus Situation ist viel komfortabler als die Trumps: Israel hat keine Verfassung, und jedes Gesetz kann in der Knesset mit einfacher Mehrheit verabschiedet werden. Es gibt tatsächlich Gesetze, sogenannte Grundgesetze, die eine absolute Mehrheit von 61 der 120 Mitglieder des Parlamentes erfordern und nicht nur eine zufällige Mehrheit der im Plenarsaal Anwesenden. Aber wer bestimmt, was ein Grundgesetz ist, wenn es keine Verfassung gibt, die das definiert? Knesset-Abgeordnete der Likud-Partei bezeichnen Routinegesetze oft als »Grundgesetze«. Wer wird das verhindern?

Der zweite Vorteil, den Netanjahu gegenüber Trump hat: Er ist an der Macht und muss sich erst in mehr als drei Jahren zur Wiederwahl bewerben. Natürlich kann er durch ein Misstrauensvotum in der Knesset gestürzt werden, aber damit ein solches Votum durchkommt, muss einer seiner derzeitigen Partner die Regierung verlassen. Und wer wird das tun? Die rechtsextremen Parteien? Sie haben keine Alternative zu Netanjahu. Niemand von der Linken oder der Mitte würde daran denken, eine Partnerschaft mit ihnen einzugehen. Wenn Netanjahus Koalition auseinanderbricht, werden sie ins politische Exil zurückkehren, verabscheut von der Mehrheit der Bevölkerung und der Knesset-Abgeordneten. Vielleicht wird eine der »gemäßigteren« religiösen Parteien die Koalition verlassen. Sie haben kein Interesse daran. Keine Koalition aus Mitte-Links-Parteien wird es sich leisten können, den Ultraorthodoxen das zu geben, was Netanjahu ihnen gibt. Schließlich protestieren die Massen im ganzen Land auch gegen die bereits erlangten Privilegien und gegen die Zusatzforderungen der Ultraorthodoxen.

Jeschiwa-Studenten (die die Heiligen Texte studieren) sind vom Militärdienst befreit, solange sie ihre gesamte Zeit in der Jeschiwa verbringen und nicht für ihren Lebensunterhalt arbeiten. Unmittelbar nach der Gründung der unabhängigen israelischen Regierung unterzeichnete David Ben-Gurion einen Vertrag mit den extremen orthodoxen Rabbinern, den »Haredim«, wonach der Staat Jeschiwa-Studenten dieses Privileg gewährt. Damals waren es mehrere Hundert Jeschiwa-Studenten, heute sind es über 250.000.

Ben-Gurions Verzicht auf den Militärdienst für einen kleinen Teil der Wehrpflichtigen war sehr wichtig. Ben-Gurions Partei, die »Partei der Arbeiter Israels« (Mapai), war die größte Partei im politischen System Israels, erreichte jedoch nie eine absolute Mehrheit in der Knesset. Daher war er, als Vorsitzender der großen Partei, auf der Suche nach Partnern zum Zweck der Bildung einer Koalition. Er wollte keine Partnerschaft mit den Parteien der extremen Linken. In seinen Augen waren diese keine Sozialisten wie er, sondern Metastasen der Kommunisten, wenn sie nicht schon sowieso als erklärte Kommunisten bekannt waren. Am Tag von Stalins Tod, der am Ende seiner Tage ein offener und aktiver Antisemit wurde, gingen Scharen von Parteianhängern der extremen Linken auf die Straße und skandierten in Sprechchören: »Stalin, die Sonne der Völker, Stalin, die Sonne, Stalin, die Sonne.« Auch mit den extremen Rechten, der von Menachem Begin angeführten »Herut-Partei« (Freiheitspartei), wollte Ben-Gurion keine Partnerschaft eingehen. Damals war es eine kleine Partei mit einer starren nationalistischen Linie – in Ben-Gurions Augen war es eine faschistische Partei.

Für ihn war es am bequemsten gewesen, eine Einigung mit den ultraorthodoxen Parteien zu erzielen. Alles, was sie neben der Aufrechterhaltung des Status quo in religiösen Angelegenheiten, wie er unter britischer Herrschaft üblich war, forderten, war, wie erwähnt, eine Befreiung vom Militärdienst für Jeschiwa-Studenten. Es war der günstigste und bequemste Preis, den sich Ben-Gurion für die Unterstützung der Koalition zu zahlen erlaubte. Die Ultraorthodoxen strebten nicht danach, in die Regierung einzutreten, sie wollten keine Minister werden, sie mischten sich nicht in politische Fragen, in die Außenpolitik und in militärische oder wirtschaftliche Fragen ein.

Mit der demografischen Entwicklung allerdings und dem Kinderreichtum der Ultraorthodoxen wurde das Problem immer schwerer zu verdauen. Tatsächlich gibt es einen nicht unerheblichen Teil ultraorthodoxer Kinder, die die Religion und damit das Stammes- und sogar das Familiengefüge verlassen. Aber das natürliche Wachstum dieser ultraorthodoxen Familien übersteigt sie bei Weitem.

Im Laufe der Jahre erlebte die ultraorthodoxe Gesellschaft selbst eine weitere Entwicklung. Bei der Staatsgründung war ihre Sprache Jiddisch (jüdischer Jargon auf deutscher Basis). Sie behaupteten, Hebräisch sei die Sprache der Thora und des Gebets und dürfe nicht für alltägliche Zwecke verwendet werden. Nicht wenige von ihnen ließen sich 1947 in Jerusalem in der Annahme nieder, dass die Heilige Stadt nicht Teil des israelischen Staates sein würde. Schließlich wurde in der UN-Teilungsresolution damals festgelegt, dass Jerusalem nicht Teil der Nationalstaaten sein würde, weder des arabischen noch des jüdischen, sondern dass es einer internationalen Verwaltung unterliegen würde (einige glaubten, dass die Herrschaftsmacht auf den Vatikan übergehen würde). In einem solchen Ausmaß verabscheuten sie den Zionismus und das Israelitum, dass sich die Ultraorthodoxen zu Beginn weigerten, Papiere oder Dokumente des »zionistischen Staates« zu verwenden, einschließlich der neuen israelischen Banknoten und Münzen. Sie nutzten weiterhin die Zahlungsmittel der britisch-palästinensischen Regierung, bis diese völlig abgenutzt waren und auseinanderbröckelten.

Diese Situation hat sich natürlich im Laufe der Jahre verändert. Da ihnen keine andere Wahl blieb, übernahmen die Ultraorthodoxen auch das Hebräische als ihre Alltagssprache, schließlich versteht überhaupt nur eine winzige Minderheit in Israel die jiddische Sprache. Sie verstanden, wo es langgeht, und schlossen sich samt ihren beiden Parteien dem allgemeinen politischen Spiel an. Sie begannen, an Wahlen zur Knesset teilzunehmen. All dies aufgrund der Bedürfnisse und der Realität des Lebens, die ihnen aufgezwungen wurden. So wie früher und heute auch in Europa und Amerika. Dort bestimmten die Rabbiner, wie sie in der altaramäischen Sprache sagten: »Dina de Malchuta Dina« (»Das Gesetz des Landes ist [das herrschende] Gesetz«). Das heißt, dass Juden in der Diaspora grundsätzlich verpflichtet sind, die Gesetze des Landes der nichtjüdischen »Heiden«, in dem sie leben, auch dann zu respektieren und zu befolgen, wenn diese in bestimmten Fällen gegen die Rechtsgrundsätze der Halacha verstoßen. Das bedeutet natürlich nicht, dass man die religiösen Gebote oder die ultraorthodoxe Lebensweise aufgeben muss. Viele pflegten zu sagen: »Sei ein Jude bei dir zu Hause und ein Mensch, wenn du ausgehst.«

Und natürlich gibt es keinen Ort, an dem auf die Befreiung vom Militärdienst verzichtet werden kann, und schon gar nicht im zionistischen Land. Zwar wuchs die Zahl der erklärten Jeschiwa-Studenten von einigen Hundert zu Ben-Gurions Zeiten auf Zehntausende, die zunächst alle vom Militärdienst befreit wurden. Aber selbst das reicht ihnen heutzutage nicht mehr aus. Ihre Forderung besteht nun darin, alle vom Dienst zu befreien, auch wenn sie nicht in der Jeschiwa studieren. Eine ihrer Forderungen lautet, den Jeschiwa-Studenten ein staatliches Gehalt zu zahlen, wie den Sold im Militärdienst: Schließlich studieren sie in der Jeschiwa, damit Gott das gesamte jüdische Volk unterstützt! »Sie bringen sich im Zelt der Thora um«, wie sie es immer zu sagen pflegen, und dies sei der wichtigste Dienst, der für die Existenz des jüdischen Volkes unerlässlich sei.

Sie weigern sich strikt, in ihren Schulen, die einem vom Staat anerkannten unabhängigen Ausbildungssystem angehören, Kernfächer, also beispielsweise irgendeine Fremd-sprache oder auch nur lateinische Buchstaben, zu unter-richten. Ein Absolvent der sogenannten »unabhängigen Ausbildung« kann nur Hebräisch lesen (oder Jiddisch, das in hebräischen Buchstaben geschrieben ist). Es gibt kaum ein höheres mathematisch-naturwissenschaftliches Stu-dium, sondern vor allem Grundrechenarten.

Die breite Bevölkerung ist empört über die unaufhörli-chen Zugeständnisse, die ihnen gemacht werden dank ih-rer »Erpressung«. Na und? Netanjahu braucht sie in den Koalitionen, und der Rest wird sich schon erledigen.

Der Zusammenhalt der aktuellen Koalition mit 64 Mandaten (von 120 Mitgliedern der Knesset) scheint wie ein Stahlguss zu sein. Jedes seiner Mitglieder hält das andere an der Kehle. Vielleicht kann man also nichts tun, und das Volk, die Demonstranten und ihre Unterstützer sollten sich der gesetzlichen parlamentarischen Mehrheit ergeben? Vielleicht sollte man fragen, ob alle Massende-monstrationen wirkungslos sind? Wertlos?

Nein! So ist es nicht! Wie allgemein bekannt, leitete die derzeitige Regierung bereits nach ihrem Amtsantritt eine Flut grundlegender Gesetzesänderungen ein. Schon in der ersten Woche ihrer Regentschaft. Der »Blitz« war für alle eine Überraschung. Auch für die Likud-Wähler: In der Wahlpropaganda 2022 wurde der Plan einer Verfassungs-revolution nirgendwo und in keiner Weise erwähnt oder angedeutet. Wenn Netanjahu behauptet, dass die Mehrheit der israelischen Bevölkerung durch die Wahlen genau das erhalten habe, was sie sich gewünscht und wofür sie ge-stimmt habe, versucht er bewusst zu täuschen. Das erklärt auch, warum sich so viele Personen aus dem rechten Lager an den Massenkundgebungen, die ständig gegen die Regierung und ihre revolutionären Gesetzesprogramme demonstrieren, beteiligen.

Wohin das alles führt? Wird Netanjahu, der panisch vor den Demonstrationen gegen die Entlassung von Verteidigungsminister Gallant kapitulierte, sich geschlagen geben und schließlich auch die gesamte »Justizreform« abblasen? Ich habe bereits gesagt, dass es für Netanjahu um Macht und nichts anderes geht, schon gar nicht um irgendeine Ideologie, die seinem rechtsextremen Vater wichtig war.

Im Jahr 2003 wurde Netanjahu zum Finanzminister der rechten Regierung von Ariel Scharon ernannt. Er forderte und erhielt sehr weitreichende Befugnisse auf wirtschaftlichem Gebiet, die er voll ausnutzte. Beeinflusst von seinen konservativen amerikanischen Überzeugungen verabschiedete er damals weitreichende Reformen. Es waren liberale Reformen, die für die israelische Wirtschaft und ihre Entwicklung äußerst wichtig waren. Es handelte sich um Reformen, die vielen Israelis sofort schadeten, insbesondere den sozial Schwächeren der Gesellschaft, die den harten Kern der Likud-Anhänger und -Wähler bilden. Heute vertritt er eine entgegengesetzte Wirtschaftspolitik. Es ist eine bürokratische und populistische Politik, die Israel den letzten und schlechtesten Platz unter den OECD-Ländern beschert.

Warum? Befürwortet der »Amerikaner« nicht den freien Markt und den Wettbewerb? Zwar lebt sein Finanzminister Bezalel Smotrich, ein extrem religiöser Rechter, in anderen Welten: Welten starrer Religiosität und noch extremerem Nationalismus. Beispielsweise kündigte er seine Pläne an, in der Westbank (Judäa und Samaria) weitere 180 eigentlich religiöse Siedlungen zu errichten, und hört nicht auf, die Budgets der Siedlungen zu erhöhen, von denen die meisten nicht rentabel sind. Sie leben von verschiedenen Zuwendungen, die unter Decknamen in verschiedenen Teilen des Staatshaushalts verborgen sind.

Smotrich kann dies nicht nur machen, weil er Finanzminister ist, sondern auch, da er teilweise die Kontrolle über einen zusätzlichen Haushalt hat: Wie bereits erwähnt, ist Smotrich auch Minister im Verteidigungsministerium. Ein Minister neben Verteidigungsminister Gallant. Was ihn am Verteidigungsministerium interessiert, sind nicht die Armee- und Sicherheitsprobleme (Smotrich, der Ultrapatriot, leistete nicht wie die meisten Israelis einen dreijährigen Pflichtdienst in der Armee ab, sondern nur einen sehr kurzen Dienst in einem Militärbüro in Tel Aviv). Ihn interessieren die besetzten Gebiete oder in seiner Sprache die »befreiten Gebiete« und deren Besiedlung durch Juden. Die »Gebiete«, die offiziell als besetzt gelten, werden, wie es sich für Gebiete mit einem solchen Status gehört, von der Armee verwaltet. Und die Armee untersteht dem Verteidigungsministerium. Und da haben wir es. Der zweite Verteidigungsminister Smotrich wurde auch zum Minister der Gebiete. Und was könnte den extremen Rechten mehr gefallen als die Kontrolle über die »befreiten« Gebiete und die Siedlungen, die staatlich finanziert werden? Gibt es jemanden, der heute noch von einem palästinensischen Staat in den von Juden befreiten und besiedelten Gebieten träumen kann?

Und was wird nach der perfekten Umsetzung des Plans der extremen Rechten passieren? Was wird mit den annektierten arabischen Bewohnern geschehen? Werden sie etwa die israelische Staatsbürgerschaft erhalten? So wie die israelischen Araber diese im Jahr 1949 erhalten hatten? Gott bewahre! Sie werden »Untertanen« sein, wie es die Schwarzen im Apartheidregime in Südafrika waren. Und wieso nicht? Denn wer von der Annexion der Westbank träumt, träumt auch davon, den Gaza-Streifen zu annektieren, aus dem die Rechten 2005 durch Ariel Scharon »vertrieben« wurden. Scharon als Premierminister räumte damals das Gebiet, das er einst als Militärgouverneur kontrolliert hatte. Er kannte den hohen Preis dieser Herrschaft für die Armee und das Land und beschloss, die Kontrolle über den Gaza-Streifen aufzugeben. Dies unter anderem auch mit dem Ziel, die Westbank in der Hand Israels zu halten. Viele glaubten, dass die Räumung des Gaza-Streifens der erste Schritt zur Räumung der ehemaligen jordanischen Gebiete sei: Judäa und Samaria, die Westbank. Diejenigen, die dies glaubten, glauben es bis heute noch, da Scharon kurz nach der Räumung des Gaza-Streifens verstarb und kein Testament hinterließ, das seine Absichten bezüglich der Westbank bezeugen könnte.

Ich glaube, die Sachlage ist anders: Scharon war nie Humanist oder rücksichtsvoll gegenüber den Arabern. Von seiner Mutter, sagte er, habe er gelernt, Araber zu hassen und sie als ewige mörderische Feinde zu betrachten. So etwas wie das, was in der Bibel über das Volk der Philister geschrieben steht, in dem das Volk Israel einen ewigen Feind sehen soll. Und so ist es interessant zu sehen, auf

welche Weise er den Gaza-Streifen räumte: Er evaku-
ierte die Armee und die Siedler von dort auf willkürliche
Weise, auf brutale Anordnung ohne jegliche Abstimmung
mit irgendjemandem und schon gar nicht mit irgendeinem
palästinensischen Führer oder mit den palästinensischen
Bewohnern des Gebietes. Er verließ es, ohne ein Wort zu
sagen, schloss das Tor hinter sich ab und warf die Schlüssel
ins Meer. Wir alle leiden bis heute unter diesem geräumten,
belagerten Gaza-Streifen: kleine Kriege, Terrorismus, vom
Gaza-Streifen auf Israel abgefeuerte Raketen und mehr.

Die Bewohner des belagerten Gaza-Streifens leiden aber
noch mehr: Zwei Millionen Menschen leben unter mi-
serablen Bedingungen, nicht nur ohne Ausweg, sondern
auch ohne Hoffnung. Man würde denken: Warum ohne
einen Ausweg? Schließlich haben sie einen relativ langen
Küstenstreifen und eine gemeinsame Grenze mit Ägypten? Nun, aber sie haben keinen freien Zugang zum Meer.
Denn die israelische Marine grenzt sie ein und bestimmt,
wer sich den Häfen des Gaza-Streifens nähert und wer sie
verlässt. Sie legt fest, ob es den Fischern erlaubt ist, im offenen Meer zu fischen, wie viele es dürfen und wie weit sie
sich von der Küste entfernen können. Es lässt sich erahnen,
wie diese Aufsicht als Druck- und Strafmittel eingesetzt
wird. Seit Jahren bitten die Bewohner des Gaza-Streifens
Israel um Erlaubnis, für sich selbst einen Tiefseehafen und
einen Flughafen bauen zu dürfen. Es gab Zeiten, in denen
israelische Regierungen die Möglichkeit der Erteilung von
Lizenzen für den Bau solcher Häfen in Aussicht stellten.
Es war, als würde man einem kleinen Kind ein Bonbon
zusichern und ihm sagen: Wenn du ein guter Junge bist,

bekommst du das Bonbon, aber nur dann. Die Bewohner des Gaza-Streifens waren wahrscheinlich nie gut genug und erhielten von Israel, das sie verlassen hat, weder eine Genehmigung noch einen Hafen.

Aber sie haben im Süden auch eine gemeinsame Grenze mit Ägypten! Dadurch könnten sie jeden Ort der Welt erreichen! Tatsächlich könnte dies der Fall sein, wenn ihre arabisch-muslimischen Nachbarn, die Ägypter, es zuließen. Aber sie erlauben es nicht. Die Grenze zwischen den beiden sunnitisch-muslimisch-arabischen Geschwistergesellschaften ist grundsätzlich geschlossen. Die Ägypter wollen keine offene Grenze zu den Palästinensern. Bis auf Einzel- und Ausnahmefälle ist diese Grenze hermetisch abgeriegelt. Der Vergleich zwischen dieser Grenze, die zwei »Geschwister«-Bevölkerungsgruppen trennt, und der Grenze zwischen dem Gaza-Streifen und Israel, dem verhassten Feind, ist interessant. Abgesehen von Tagen schwerer Spannungen reisen Zehntausende palästinensische Araber aus dem Gaza-Streifen nach Israel, um dort zu arbeiten. Das in Israel erwirtschaftete Einkommen ermöglicht die tatsächliche wirtschaftliche Existenz des Gaza-Streifens. Ein Arbeiter aus Gaza erhält in Israel einen Arbeitslohn wie ein einfacher israelischer Arbeiter. Das ist nicht viel, aber das Zehnfache dessen, was derselbe Arbeiter im Gaza-Streifen selbst bekommen hätte, wenn er imstande wäre, einen Job zu finden.

Was wird also letztendlich das Schicksal der Bewohner des Gaza-Streifens und der Bewohner von Judäa und Samaria sein? Die Geschichte kennt keinen ewigen Kriegszustand. Das heißt: Es ist wahrscheinlich, dass die Westbank nicht für immer im Status einer »vorübergehenden« militärischen Besatzung bleiben kann und der Gaza-Streifen nicht ewig unter Belagerung leben wird. In Israel kommt es darauf an, wer gefragt wird, und noch mehr darauf, wer eine Antwort bekommt, bis ein endgültiger Friedensvertrag mit unseren Nachbarn unterzeichnet wird.

Fakt ist: Als Israel den Friedensvertrag mit Ägypten unterzeichnete, räumte es alle von ihm besetzten Gebiete von Ägypten »bis auf den letzten Zentimeter«, wie es der ägyptische Präsident Anwar as-Sadat gefordert hatte. Dies gilt nicht für den Gaza-Streifen. Dieses Stück Land, das ursprünglich auf dem Territorium des Landes Israel-Palästina lag, wurde 1948 im Rahmen der damaligen Invasion des Landes von Ägypten besetzt und blieb bis 1967 in seinen Händen, als einige der israelischen Streitkräfte ihn durchquerten, nachdem sie ihn und die Sinai-Halbinsel bis zur Grenze des Suez-Kanals besetzt hatten. Der Vorsitzende der Likud-Partei, Premierminister Menachem Begin, der Ende der 1970er-Jahre die Friedensverhandlungen mit Ägypten leitete, behauptete, der Gaza-Streifen sei nicht ägyptisch, sondern Land, das von 1948 bis 1967 vorübergehend von Ägypten besetzt war. Und Besatzer, die ein Gebiet vorübergehend besetzt halten, haben kein Recht darauf. Der ägyptische Vertreter bei den Friedensverhandlungen gab in dieser Angelegenheit mit einem sauren Gesicht nach, hinter dem er seine Freude verbarg, dieses teure und anstrengende Wespennest endlich loszuwerden.

Wir sehen heute, wie glücklich die Ägypter wirklich waren, den Gaza-Streifen loszuwerden: Nachdem Israel letztendlich auch glücklich war, sich von der Last des

Gaza-Streifens zu befreien, wurde die Grenze zu Ägypten für die befreiten (mit oder ohne Anführungszeichen) Gaza-Bewohner nicht geöffnet. Kairo behandelt den von Israel geräumten und von einer örtlichen Palästinensischen Behörde verwalteten Gaza-Streifen als unwillkommenes, feindseliges und ausgestoßenes, wenn nicht sogar verhasstes Gebiet. Dies charakterisiert oft die arabische »Solidarität« mit den Palästinensern. Eine Solidarität hohler Aussagen.

Mit Jordanien verliefen die Friedensverhandlungen schneller und einfacher. Das kleine Jordanien, das eine lange und für sich kritische Grenze zu Israel hat, braucht zumindest friedliche nachbarschaftliche Beziehungen zu Israel. Nachdem es die »Westbank des Haschemitischen Königreichs« »zum Wohle der Palästinenser« aufgegeben hatte, blieben ihm nur geringfügige Meinungsverschiedenheiten über die gemeinsame Grenze mit Israel, und bei der Lösung dieser Probleme zeigte sich Israel nachgiebig und großzügig. Als Verräter der arabischen Sache, indem es Frieden mit dem »zionistischen Feind« unterzeichnete, war es schwer, ihm die Schuld zu geben: Es saß bequem hinter dem Rücken Ägyptens, des größten arabischen Landes mit einer Bevölkerung, die mehr als zehnmal so groß ist wie die Jordaniens, also über einhundert Millionen, und es fühlte und fühlt sich immer noch wohl.

Es ist also eine Tatsache: Israel spricht die Wahrheit! Es verdient Vertrauen in seine Versprechen und Zusagen. Es stimmt: Was Jordanien und Ägypten betrifft, und mit Syrien war es fast genauso. Israel, und dazu gehört auch Benjamin Netanjahu, stand mehrmals kurz vor einem Friedensvertrag mit Syrien, der die Aufgabe von fast den gesamten Golan-Höhen beinhaltete. Dieses Plateau wurde bis zu seiner Eroberung von Israel im Sechstagekrieg 1967 Syrisches Plateau genannt. In den mit Vertretern von Damaskus ausgearbeiteten Vertragsentwürfen verlangte Israel, nur einen winzigen Landstreifen entlang des Sees Genezareth zu behalten. Gemäß den Waffenstillstandsabkommen von 1948 wurde den Syrern Zugang von bis zu fünf Metern (ja, Metern, nicht Kilometern) zum See Genezareth gewährt, einem See, der es von Israel trennte. Eine solch seltsame Grenze zwischen Ländern, die sich im Kriegszustand befinden und einander gegenüberstehen, ist eine irreparable Tür für Missverständnisse, Pannen, ob zufällig oder vorsätzlich, und oft auch für Schusswechsel. Israel wollte diese Situation korrigieren, natürlich zu seinem Vorteil, und es entstand der Eindruck, dass in dieser Angelegenheit ein Kompromiss gefunden werden könnte. Doch dann brachen in Syrien die Bürgerkriege aus. Diese brachten auch die Intervention Russlands und des Iran mit sich, und die ganze Angelegenheit der Geheimverhandlungen mit Israel wurde von der Agenda gestrichen. Im Moment scheint es, als ob die Angelegenheit von allen Parteien und vielleicht sogar von der ganzen Welt vergessen worden wäre. Auf dem Berg Hermon im Golan, der eine Höhe von 2.800 Metern aufweist, gründeten Israelis eine blühende Siedlung und eine Skistation, die einzige im Zuständigkeitsbereich des Landes.

Aber neben Syrien gibt es noch eine ganze Reihe anderer arabischer Länder, die sich in einem formellen Kriegszustand mit Israel befinden oder befanden, selbst solche, die in der Praxis nie an einem Kampf gegen Israel teil-genommen haben. Einige von ihnen befinden sich immer noch im Kriegszustand mit dem »zionistischen Gebilde«, obwohl sie inoffiziell eine vielfältige Zusammenarbeit mit Israel aufbauen. Es ist nicht so, dass ihre Völker es wollen, sondern im Gegenteil. Aber es besteht ein staatliches Interesse: die Sicherheit betreffend, politisch oder wirtschaftlich und manchmal auch alles zusammen. Und ich habe bereits das gemeinsame Interesse gegenüber dem Iran erwähnt.

Um einen vollständigen und formellen Frieden mit den meisten arabischen Ländern zu erreichen, muss die Unterstützung der öffentlichen Meinung in den arabischen Ländern und möglicherweise in der gesamten muslimischen Welt gewonnen werden. Für das palästinensische Problem muss eine reale oder simulierte Lösung gefunden werden. Ob die Araber und Muslime des Nahen Ostens die Palästinenser lieben oder nicht (sie tun es nicht!), haben ihre Regierungen die Pflicht ihren Völkern gegenüber, für die Palästinenser zu kämpfen. Denn es ist eine Frage der Ehre, der nationalen Ehre, der arabischen Ehre, der muslimischen Ehre.

Das wichtigste arabische Land ist heute nicht das größte, Ägypten, sondern das reichste, Saudi-Arabien. US-Präsident Joe Biden boykottierte im Jahr 2021 öffentlich und voller Zorn das saudische Regime nach der Ermordung des saudisch-amerikanischen Journalisten Jamal Khashoggi im saudischen Konsulat in Istanbul. Die Wut der Amerikaner und insbesondere des Präsidenten war so groß, dass viele darin nicht nur einen großen Schaden für

Saudi-Arabien, sondern eine echte Gefahr für das dortige Königreich sahen. Und hier wurde die Welt nicht lange danach überrascht, als Präsident Biden bereits im Juli 2021 Saudi-Arabien einen offiziellen Besuch abstattete und von dem ihm verhassten Kronprinzen, dem De-facto-Herrscher Mohammed bin Salman, persönlich empfangen wurde, und das vor den Augen der ganzen Welt.

Man würde denken: erstaunlich. Es ist schwierig, einen solchen Wandel in der Geschichte zu finden. Doch wer genauer hinsieht, findet viele solcher und noch verhängnisvollerer Wendepunkte in der Geschichte. Wir alle erinnern uns an den Kalten Krieg, die gewaltigen und gefährlichen Spannungen, die jahrzehntelang zwischen dem Sowjet-Block und dem Westen herrschten. Viele Jahre lang lebte die Welt in Angst vor dem Ausbruch eines Dritten Weltkriegs. Für den Westen, und nicht nur für ihn, war das schreckliche Sowjet-Regime fast ebenso abscheulich wie das Nazi-Regime. Und von allen Herrschern in Moskau gab es keinen Mann, der so gehasst und furchterregend war wie Stalin, der Diktator, der in der Sowjetunion rund drei Millionen Menschen ermordete, die Bürger seines eigenen Landes. Doch wer Winston Churchills Memoiren liest, entdeckt eine andere Einstellung Stalin gegenüber: eine sympathische und fast herzliche Haltung. Churchill erzählt unter anderem von einem Treffen, das er und der Präsident der Vereinigten Staaten Roosevelt mit Stalin hatten. Während der langen Zusammenkunft hielt Roosevelt es aus irgendeinem Grund für angebracht, Stalin freundschaftlich-scherzend mitzuteilen, dass in der Korrespondenz zwischen ihm und Churchill Stalin »Onkel Joe«

genannt würde. Stalin war beleidigt, stand auf und wollte das Treffen verlassen. Die Situation wurde jedoch von einem der Dolmetscher gerettet, der Stalin erklärte, dass die Amerikaner ihren Präsidenten »Uncle Sam« nennen und dass dies nichts anderes als ein Spitzname ist. Stalin beruhigte sich und kehrte zu seinem Platz zurück. Was für eine Zuneigung für einen furchterregenden Massenmörder, als sie ihn brauchten!

Wieso ist es also ein Wunder, dass Präsident Biden dem Herrscher von Saudi-Arabien schmeichelt, wenn er ihn braucht? Schließlich heißt es: Wenn die Dienste eines Diebes benötigt werden, wird er vom Galgen geholt!

All dies muss Israel in seinen Beziehungen zu den arabischen Ländern, die mit ihm Friedensverträge unterzeichnet haben, berücksichtigen. Sogar mit denen von ihnen, die offene diplomatische Beziehungen zu ihm aufgenommen haben.

Und nicht nur das kleine Israel, das in einem schwierigen, wenn nicht sogar feindseligen Umfeld mit dutzendmal größeren Nachbarn lebt, muss sich dessen bewusst sein. Schließlich musste selbst Präsident Biden in den sauren Apfel beißen und zum verhassten Herrscher von Saudi-Arabien reisen, als wäre es der Gang nach Canossa. Bald darauf folgte die Demütigung Bidens, als der saudische Herrscher ihn öffentlich der Verachtung preisgebend eine Botschaft in Teheran einrichtete. Ja, mit den Ayatollahs nahm Saudi-Arabien plötzlich diplomatische Beziehungen auf. Hat Präsident Biden Mohammed bin Salman den Rücken gekehrt? Absolut nicht. Im Rahmen seiner Bemühungen, ein proamerikanisches Bündnis im Nahen Osten zu schaffen, versucht er sogar, einen offenen Frieden zwischen dem Wüstenkönigreich und Israel herbeizuführen.

In dieser volatilen und unvorhersehbaren Welt muss Israel manövrieren und alle seine Streitkräfte vereinen, ohne auch nur eine Minute unvorbereitet zu sein.

12.
Das Vorantreiben der »Justizreform« und der Kampf dagegen

Doch was macht die israelische Regierung, die seit Anfang 2023 von den »gänzlich Rechten«, wie sich ihre Mitglieder selbst gerne nennen, kontrolliert wird? Sie investiert den größten Teil ihrer Energie und Zeit darin, eine »Justizreform«, wie sie es nennt, durchzusetzen. Damit löste sie Massenproteste aus, die seit Jahresbeginn nicht aufgehört haben, inklusive der Weigerung von Wehrdienstleistenden in der Armee, sich zum Dienst zu melden. Das sorgt für gefährliche Spaltungen in den Reihen der Armee, Kommandeure werde öffentlich gedemütigt. Alles, um die Fortführung des seit 2019 laufenden Korruptionsprozesses gegen Netanjahu zu unterbinden.

Netanjahus Ansichten zum Justizsystem und zur strafrechtlichen Verfolgung eines Premierministers wegen Korruptionsverdachts waren nicht immer die, die er seit 2019 vertritt. Auch einem seiner Vorgänger im Amt, Premierminister Ehud Olmert, wurde Korruption vorgeworfen, wenn auch in einem weniger schwerwiegenden Ausmaß, als Netanjahu vorgeworfen wird. Damals erklärte Netanjahu: »Als Premierminister, der bis zum Halse in Ermittlungen steckt, hat er kein öffentliches und moralisches Mandat, um über schicksalhafte Dinge zu entscheiden, denn es besteht ein echter Verdacht, dass er auf der Grundlage seines persönlichen Überlebensinteresses und nicht nach den nationalen Interessen entscheidet.« Und das verkündete Netanjahu, als gegen Olmert noch keine Anklage erhoben worden war und er lediglich befragt wurde.

Aber es gibt einen großen Unterschied zwischen Olmert und Netanjahu: Olmert hatte, wie die meisten israelischen politischen Führer, keine persönlichen Unterstützer. Nicht solche, die ihm mit geschlossenen Augen folgen, ihm gegenüber bedingungslos loyal sind und glauben, dass alles, was der Anführer tut und sagt, gerechtfertigt und wahr ist und dass alles, was seine Gegner vorbringen, nichts als Lügen und Verleumdungen sind. Viele von Netanjahus Unterstützern sind Kapitalisten, in Israel oder im Ausland, was es dem Premierminister ermöglicht, Propaganda auf vielfältige Weise und mit unterschiedlichen Mitteln zu betreiben, bis hin zur Kontrolle eines Fernsehsenders, der sich ausschließlich der Propaganda zugunsten Netanjahus widmet. *Kanal 14*, ein Sender, der sich durch groben Populismus voller Lügen und Verschwörungen auszeichnet. Diese werden von Pseudo- oder Berufsjournalisten ausgestrahlt, die aus persönlichen Interessen der Propaganda verfallen sind. Auf fast alle anderen Medien wird ein ständiger Druck ausgeübt, »ausgewogen« zu berichten, also immer mehr die Worte und Sprecher der Regierung zu zeigen. Da fast alle Medien auf irgendeine finanzielle Unterstützung der Regierung angewiesen sind, achten sie darauf, mit der Kritik nicht zu weit zu gehen.

Gehören Blinde und Gehörlose zu den Rechten? Sicherlich nicht alle. Natürlich gibt es viele auf der rechten Seite, die die Regierung aus echter Überzeugung unterstützen. Um öffentlich zu beweisen, dass es in Israel eine breite Unterstützung in der Bevölkerung für die Politik gibt, die die Regierung zu verfolgen versucht, organisierten Regierungsbeamte am 23. Juli 2023 eine Massenkundgebung in der Kaplan Straße in Tel Aviv. Die Leitung lag in den Händen von Justizminister Jariv Levin, der seit Jahren eifrig den Kampf zugunsten einer »Justizreform« führt. Levins fast offensichtliches Ziel besteht darin, ein Regime zu schaffen, das nicht auf Gewaltenteilung, sondern auf einer zentralen Kraft basiert, nämlich der Regierung. Da Israel keine Verfassung hat, liegt heute die absolute Macht im Parlament bei der Regierung. Wenn Levins Kreuzzug gelingt, wird sie auch das Justizsystem kontrollieren. Zehntausende folgten Levins Aufruf, und die Regierung betonte schnell, dass die Opposition nicht die breite Öffentlichkeit kontrolliere: Die Regierung, die Likud-Partei und das rechte Lager erhielten breite und aktive öffentliche Unterstützung, hieß es aus ihren Reihen.

Doch bei näherem Betrachten fallen einige Details auf, die dieses Argument infrage stellen. Erstens ist dies eine der seltenen Massendemonstrationen. Dies zu einer Zeit, in der die Demonstrationen gegen die Gesetzespläne des fanatischen Justizministers für Netanjahu seit Anfang Januar 2023 ununterbrochen andauern. Zweitens war für alle Augen sichtbar, dass Levins Demonstration nicht spontan agierte. Sie wurde von der Regierung organisiert und zeichnete sich dadurch aus, dass die meisten Demonstranten nicht aus eigenem Antrieb zur Demonstration kamen, sondern organisiert in Bussen aus dem ganzen Land angekarrt wurden. Und schließlich: Minister Levin hätte stolz auf den Massenauftritt, der den Rednern präsentiert wurde, sein können, doch ein durchdringender Blick zeigte schnell, dass die Mehrheit des Publikums nicht aus Likud-Wählern oder Netanjahus und Jariv Levins Wählern bestand. Die meisten Männer, die kamen, trugen Kippas, und die meisten Frauen trugen Kopfbedeckungen. Das heißt: Diejenigen, die sich zur Demonstration fahren ließen, waren vor allem die Wähler der religiösen Parteien. Obwohl sie Unterstützer der Koalition Netanjahus sind, sind sie nicht für immer und nicht unter allen Umständen in seiner Tasche. Sie sind keine Likud-Leute.

Was aber vor allem den Hauptunterschied zwischen den Protestdemonstrationen und dieser Unterstützungskundgebung zeigt, ist, dass Letztere keine spontane Versammlung wie die Protestdemonstrationen, sondern eine organisierte Kundgebung war. Das Wichtigste ist, dass die Unterstützungsdemonstration zugunsten der »Justizreform« fast eine einmalige war. Im Gegensatz dazu sind die Protestdemonstrationen spontan, werden von keiner Partei oder politischen Einrichtung organisiert und finden seit Januar ununterbrochen statt.

Die extreme Rechte, die sich dieser Tatsachen bewusst war, versuchte im September, ohne Deckung der Likud-Partei eine Unterstützungskundgebung zu organisieren. Das Ergebnis war das gleiche wie bei der vorherigen Aktion, nur dass diesmal Bezalel Smotrich der Hauptredner war.

Aber die Mehrheit im Parlament Israels ohne Verfassung liegt in den Händen der Regierung. Und das ist eine solide und disziplinierte Mehrheit wie eine militärische Eliteeinheit. Tatsache: Die 64 Mitglieder der Knesset treten wie eine Person auf und stimmen alle wie eine Person für die Regierung. Zumindest behaupten dies die Spitzen der Koalition, und die öffentliche Meinung scheint es zu glauben. Doch nicht nur Gerüchte über erhebliche Meinungsverschiedenheiten in den Reihen der Regierungsparteien kursieren in der breiten Öffentlichkeit: Bei einer geheimen Abstimmung in der Knesset erreichte die Koalition keine Mehrheit und verlor. Gerüchte über die Identität der »Überläufer« verbreiteten sich. Natürlich nur Gerüchte, doch die Beobachter sind sich einig: Die »Verräter« gehören wohl alle der Likud-Partei an und nicht ihren Koalitionspartnern. Obwohl seitdem keine geheimen Abstimmungen mehr stattgefunden haben, ist Netanjahu gewarnt. Es gibt jedoch nicht viele, die glauben, dass Netanjahu in innerparteilicher Gefahr schwebt. Nicht in einer nahezu homogenen und disziplinierten Partei wie dem Likud.

Die Frage ist, ob das Gericht Netanjahu wie den ehemaligen Premierminister Ehud Olmert und den früheren Staatspräsidenten Moshe Katsav ins Gefängnis schicken wird. Mittlerweile gibt es nicht mehr viele, die daran glauben, dass dies passieren wird. Die sehr rätselhafte Form der Durchführung dieses Prozesses stellt eine solche Möglichkeit infrage. Der Prozess läuft seit dem 24. Mai 2020. Die drei Richter lassen keine Pause aus, auch nicht die merkwürdigste. Sie verzichten auf keinen Urlaub und machen natürlich auch keine Überstunden. Sie behandeln die Zeugen der Verteidigung mit äußerster Vorsicht und machen es den Zeugen der Anklage oft schwer. Als der Prozess begann, erschien Netanjahu vor den Fernsehkameras, die am Eingang des Gerichts auf ihn warteten. Er wurde von den hochrangigen Persönlichkeiten seiner Partei begleitet und hielt eine aggressive Rede, als wäre er der Ankläger und nicht der Angeklagte. Daher ist es kein Wunder, dass Gerüchte besagen, dass die Richter von mysteriösen Personen belästigt und bedroht werden.

Daher hat Netanjahu keine Furcht vor dem Prozess. Bei dem Tempo, in dem er durchgeführt wird, wird am Ende alles anders sein. Das erinnert an den alten jüdischen Witz, der einst in Osteuropa erzählt wurde. Viele Adlige, die Ländereien besaßen, stellten damals Juden als Angestellte, Buchhalter usw. ein. Eines Tages kam der Jude von der Arbeit bei seinem Gutsherrn nach Hause und erzählte seiner Frau, dass der Gutsherr ihm befohlen habe, seinem Hund das Sprechen beizubringen. »Und was hast du ihm geantwortet?«, fragte die verängstigte Frau. »Da ich es nicht wagen konnte, mich zu weigern«, antwortete der Jude seiner Frau, »sagte ich ihm, dass ich natürlich tun würde, was er befahl, aber da dies eine seltene und schwierige Aufgabe sei, würde ich sieben Jahre brauchen, um die Aufgabe zu erfüllen, und er stimmte zu.« »Aber was wird in sieben Jahren passieren?«, fragte die Frau mit düsterer Stimme. »Ach, das braucht uns keine Sorgen zu machen«, antwortete der Mann, »in sieben Jahren wird entweder der Gutsherr, der Hund oder ich tot sein.«

Wenn dies tatsächlich das Geheimnis von Netanjahus

Denken ist, dann stellt sich die Frage: Warum investiert er so viel Mühe in Versuche, das Justizsystem zu zerstören? In Israel gibt es ständig Gerüchte über die Einmischung der Familie des Premierministers in die Angelegenheiten des Staates, insbesondere wenn es um die Vergabe von Posten geht. Die Ernennung hochrangiger Beamter, Minister und Kandidaten auf der Liste der Partei für die Knesset wird durch die offensichtliche und massive Einmischung von Ehefrau Sara Netanjahu und Sohn Yair Netanjahu mit bestimmt. Damit ist der 33-jährige Yair, der noch im Haus seiner Eltern lebt, allerdings nicht zufrieden. Er führt besonders grobe Verleumdungskampagnen gegen Persönlichkeiten des öffentlichen Lebens, die er nicht mag. Vor einiger Zeit richtete er eine Reihe von Anschuldigungen gegen hochrangige Armeeangehörige und nannte den Generalstabschef Herzi Halevi auf X (ehem. Twitter): wertloser Mensch, eine Null, der schlechteste Chef der Sicherheitskräfte aller Zeiten. Viele sind davon überzeugt, dass der ungezogene Sohn alles im Namen seines Vaters schreibt und noch mehr im Namen seiner Mutter. Ab und zu werden gegen ihn Klagen wegen Verleumdung eingereicht, die er normalerweise verliert, dann muss er sehr hohe Geldstrafen zahlen. Und wer berappt diese Summen? Nicht der Sohn Yair, der nie gearbeitet hat und kein eigenes Kapital besitzt.

Die Eskapaden des »Juniors« sind der Öffentlichkeit seit Jahren bekannt. Viele haben sich bereits daran gewöhnt. Doch der Angriff auf die Spitze der Armee überraschte alle. In der israelischen Tradition gelten die Armee und ihre Befehlshaber als etwas fast Heiliges. »Dank ihnen schaffen wir es, in diesem Dschungel des Nahen Ostens zu existieren«, denken viele. Was ist also mit Yair Netanjahu passiert, dass er es wagte, genau die Chefs der Streitkräfte auf diese Weise zu »verunglimpfen«? Die landläufige Meinung ist wie üblich: Er tat es auf Wunsch seiner Eltern. Und dieses Mal vielleicht mehr auf Wunsch des Vaters.

Die Chefs der Armee, und nicht nur sie, sind bereits seit Anfang 2023 sehr über die Stimmungen in der Armee beunruhigt. Ihnen macht vor allem, wie wir schon gesehen haben, die Atmosphäre in den Reihen der Reservisten Sorgen.

Im Sechstagekrieg 1967 schien es, als ob Israel tatsächlich schon am ersten Kriegstag gewonnen hätte. Bei einem Überraschungsangriff am Morgen des 5. Juni auf die Luftwaffenstützpunkte der Nachbarländer zerstörte die Luftwaffe jedes einzelne Flugzeug am Boden. Ein General der amerikanischen Luftwaffe war damals erstaunt und schrieb: »Die Überraschung über den Angriff der israelischen Luftwaffe war natürlich ein wesentlicher Faktor für den vollen Erfolg. Aber nicht nur der Angriff. Die Luftwaffe der Vereinigten Staaten würde in einem solchen Fall feindliche Luftwaffenstützpunkte mit Flächenbombardements abdecken. Sie würde einfach das gesamte Gebiet der feindlichen Stützpunkte und deren Umgebung mit Bombern abdecken, bis selbst eine Fliege dort nicht mehr am Leben geblieben wäre. Das kann sich die kleine Luftwaffe des winzigen Israel nicht leisten. Deshalb muss sie in diesem Fall jedes einzelne Flugzeug am Boden mit absoluter Präzision angreifen. Keine Flächenbombardierung, sondern chirurgische Bombardierung. Nur wer über die höchsten fachlichen und technischen Fähigkeiten verfügt, könne solche Erfolge erzielen«, sagte er.

Ohne einen groß angelegten Reservedienst hätte das kleine Israel ein solches Niveau und solche Erfolge für seine Verteidigung nicht erreichen können.

Und hier verkünden also die Reservepiloten, die sich normalerweise wie erwähnt jede Woche zu einem Trainingstag melden, dass sie beabsichtigen, sich nicht mehr beim Dienst zu melden. Das heißt: In kurzer Zeit werden sie nicht mehr für das Steuern von Kampfflugzeugen qualifiziert sein. Die Reservepiloten waren nicht die Einzigen, die diese Position bekannt gaben. Ihnen folgten schnell Reservisten anderer Elitetruppen, und ihr rebellischer Geist begann in einige der weniger spezialisierten Einheiten und sogar in die Reihen der regulären Armee einzudringen.

Und was wird eine solche Armee, die auf Reservisten angewiesen ist, sagen, wenn sie sich im Kriegszustand befindet? Wenn sie gefährliche Grenzen wie heute die zum Libanon bewacht, wo Hassan Nasrallah, der Anführer der Hisbollah, droht, einen Hagel von Raketen auf Israel abzufeuern? Schließlich weiß jeder, dass die Hisbollah vom Regime der Ayatollahs im Iran solche Raketen nahezu in unbegrenzter Stückzahl erhält.

Die Armeekommandanten versuchen seit Monaten, Alarm zu schlagen, doch die politische Führung schenkt ihnen kaum Beachtung. Sie werden von der politischen Elite wie eine lästige Fliege behandelt. In ihrer Besorgnis scheuten sich die Generäle zumeist nicht mehr davor, den Medien Informationen, ja Hilferufe zukommen zu lassen. Die Reaktion von oben ließ nicht lange auf sich warten.

Gott bewahre, dass Netanjahu, Levins Gegner, oder die Führer der ultraextremen Rechten es wagen, die Chefs der Armee öffentlich anzugreifen, nein. Diese schmutzige Aufgabe fällt in die Hände des »Thronfolgers« Netanjahu Jr.

Die in Israel immer wieder gestellte Frage ist: Wer regiert heute wirklich? Netanjahu? Ist er nicht ein Gefangener in den Händen seiner »Partner« in der Regierung? Die religiösen Parteien und die beiden rechtsextremen Parteien? Denn wenn auch nur einer dieser fünf Partner aus der Koalition austritt, hat die Koalition keine Mehrheit mehr im Parlament! Das heißt: Netanjahu entscheidet nicht. Aber im gleichen Maßstab kann man sagen, dass auch wenn ein Partner oder nur einer von ihnen die Koalition verlassen sollte, er nirgendwo hingehen kann. Dies gilt vor allem für die beiden rechtsextremen Partner. Außerhalb der aktuellen Koalition befänden sie sich in der politischen Wüste.

Die extremen Rechten haben zwar keine Alternative zur Partnerschaft mit Netanjahu. Doch Netanjahu hat die Möglichkeit, andere Partner für seine Regierung zu finden. Er kann ein Bündnis mit den Parteien der Mitte aufbauen, wie es in der Vergangenheit schon oft geschehen ist. Die Spitzen der Mitte-Parteien werden von Benjamin Gantz angeführt, der Stabschef der israelischen Streitkräfte und Verteidigungsminister war und als stellvertretender Premierminister fungierte. Zwei Jahre später hätte er mit ihm die Position wechseln sollen. Gantz wurde jedoch von Netanjahu betrogen und ging gedemütigt wieder in die Opposition. Wenn man Gantz in der Öffentlichkeit über Netanjahu reden hört, kann man kaum glauben, dass in den kommenden Jahren jemals wieder eine Partnerschaft zwischen ihnen möglich sein könnte. Nur wegen des Krieges sitzen Gantz und seine Partei wieder in einer Koalition mit Netanyahu, die vorübergehend nur im Laufe des Krieges halten soll. Heute weiß kein Mensch, ob aus dieser provisorischen Koalition doch letzten Endes eine permanente wird.

Doch wer ein gutes Ohr hat, insbesondere für das, was hinter den Kulissen gesagt wird, ist davon überzeugt, dass es unter bestimmten Voraussetzungen erneut zu einer Koalition zwischen beiden kommen könnte. Voraussetzung dafür ist, dass Netanjahu zwei Zugeständnisse macht: Er trennt sich von mindestens zweien seiner Partner, den rechtsextremen Parteien, und gibt seinen Plan zur »Justizreform« auf. Netanjahu ist nicht wirklich in seine Partner von den extremen Rechten verliebt, aber er wird die »Justizreform« nicht aufgeben, und tatsächlich tut er alles, um sie voranzutreiben.

Hier geht es um sein persönliches juristisches Schicksal, und dafür scheint er bereit zu sein, alles zu opfern. Seine Anhänger in seiner Partei folgen ihm entweder aus persönlicher Loyalität ihm gegenüber oder weil sie an die Notwendigkeit glauben, die Verfassungsstruktur des Landes in eine rechte diktatorische Richtung zu ändern. Das prominenteste Beispiel für Unterstützer der zweiten Gruppe ist Jariv Levin, der fanatische Justizminister.

Und welches Modell steht dieser Gruppe vor Augen? Früher war es der Libanon, der in einer völlig starren Verfassung zwischen den ethnisch-religiösen Gruppen aufgeteilt war. Die Verfassungsstruktur des Libanon ist bis heute unverändert. Zum Beispiel: Der Präsident des Landes, der weitreichende Befugnisse besitzt, muss Mitglied der maronitischen christlichen Gemeinschaft sein. Der Premierminister muss Mitglied der sunnitisch-muslimischen Gemeinschaft sein. Der Präsident des Parlamentes muss immer ein schiitischer Muslim sein, das ist die Aufteilung an der Spitze der Pyramide. Sie dehnt sich auch auf niedrigere Ränge und andere Konfessionen aus wie die Drusen. Aber heute, wo der libanesische Staat durch interne Kämpfe und externe Subversionen (zum Beispiel Iran durch die schiitischen Kräfte) gespalten und zerstört ist, kann er niemandem mehr als Vorbild dienen.

Also vielleicht Ungarn und Polen? Es gibt tatsächlich eine Ähnlichkeit zwischen dem, was vor einigen Jahren in Ungarn und Polen geschah, und dem, was jetzt in Israel passiert. Wie in Polen und noch mehr in Ungarn nutzt die Regierung in Israel die Stufen- oder »Salami«-Methode, um die gerichtliche Überprüfung von Regierungsentscheidungen zu neutralisieren, mit dem Ziel, ihr die volle Ausübung ihrer Macht zu ermöglichen. In Ungarn und Polen (unter Führung der PiS-Partei) gelang es der Regierung, das Land von einer Demokratie in eine Autokratie zu verwandeln, die tatsächlich von einer Person kontrolliert wird.

Ist es das, was Israel erwarten wird? Und vielleicht ist das, was mit Israel passieren könnte, sogar noch schlimmer? Dies liegt vor allem daran, dass der Weg der Regierung in Jerusalem von der Demokratie zur Autokratie einfacher und kürzer ist. In Ungarn und Polen gab es Verfassungen, die es der Regierung erschwerten, die Institutionen der Demokratie auszuhöhlen. Israel hat keine Verfassung.

Es gibt sogenannte »Grundgesetze«, die äußerst locker sind. Im Gegensatz zu einem gewöhnlichen Gesetz kann ein Grundgesetz innerhalb weniger Tage erlassen werden, ohne Vorarbeit einer autorisierten Stelle, ohne Gesetzesvorlage, ohne Gesetzentwurf und sogar ohne Rücksprache mit der Justiz, sondern einfach durch eine Abstimmung von einer gewöhnlichen Koalitionsmehrheit. So wurde das Grundgesetz verabschiedet, das die Angemessenheitsbegründung abschaffte, und auf diese Weise wurde auch das Grundgesetz zur Änderung der Zusammensetzung des Ausschusses zur Auswahl von Richtern verabschiedet, wie es der Justizminister Jariv Levin nachdrücklich fordert. So etwas gibt es in keiner Demokratie der Welt. Selbst routinemäßige Verordnungen eines Ministers müssten einem professionellen, komplexen und viel längeren Verfahren unterworfen werden. Und was die meisten verwundert, oder vielmehr nicht verwundert, ist, dass die Regierung für sich das Beste aus dieser Situation macht.

Und nicht nur, dass die Regierung den Staat Israel einfach und schnell von einer Demokratie in eine Autokratie verwandeln kann, sie kann in Israel auch eine Autokratie errichten, die schlimmer ist als die in Ungarn und Polen, solange die PiS-Partei an der Macht war. Dies liegt daran, dass der Regierung in Israel extreme Befugnisse eingeräumt werden, die es in anderen Demokratien nicht gibt. Zum Beispiel: eine Person ohne Anklage und ohne Richter für längere Zeit in Verwaltungshaft zu halten.

So kam es Anfang September 2023 in Israel zu teilweise gewalttätigen Demonstrationen von Flüchtlingen aus Eritrea. Die Regierung verhaftete fünfzig Personen von dort, die einfach ohne jegliches Gerichtsverfahren in Gefängnisse gesteckt wurden. An den Demonstrationen nahmen viele Hundert Flüchtlinge teil. Wer hat also wie entschieden, welche von ihnen gewalttätig waren? Keine juristische Körperschaft. Und tatsächlich griff die Justiz schließlich ein und erzwang ihre Freilassung zum Unmut der politischen Führung. Dies ist ein weiterer typischer Grund für den Wunsch der Regierung, die Macht der Justiz drastisch einzuschränken. Und die Motivation ist sogar höher, wenn es um Israelis geht und nicht um eritreische Ausländer.

Die in den Verteidigungsvorschriften der britischen Mandatsbehörden zur Bekämpfung der Untergrundbewegungen des jüdischen »Jischuw« festgelegten Befugnisse sind immer noch gültig und werden von der jüdischen Regierung des Staates Israel bis zum heutigen Tage ausgeübt. Aufgrund dieser Vorschriften sind der Verteidigungsminister und die Militärkommandeure jederzeit berechtigt, Häuser zu zerstören, Eigentum zu beschlagnahmen, Personen aus Israel abzuschieben, die Bewegungsfreiheit innerhalb Israels einzuschränken, eine Ausgangssperre für Siedlungen zu verhängen, verschiedene Veröffentlichungen zu zensieren, Zeitungen zu schließen und vieles mehr. Es gibt keine andere parlamentarische Demokratie auf der Welt, in der die Regierung über solche Befugnisse verfügt. Zugegebenermaßen wurden diese »Notstandsgesetze« regelmäßig, zumindest bis vor Kurzem, vor allem in den seit 1967 besetzten Gebieten angewendet.

Hinzu kommt: Mit der Gründung des unabhängigen Staates Israel im Jahr 1948 rief das Parlament den Ausnahmezustand aus. Es handelte sich um eine strukturierte und gerechtfertigte Erklärung, da das neu entstandene Land noch am selben Tag von all seinen arabischen Nachbarn angegriffen wurde, deren reguläre Armeen es mit der offen erklärten Absicht, es sofort zu zerstören, einmarschierten. Dieser Ausnahmezustand wurde bis heute nicht aufgehoben! Daher erhält die Regierung weitreichende Befugnisse, nach eigenem Ermessen »Notfallvorschriften« zu erlassen. Diese Regelungen haben Vorrang vor allen Gesetzen und ermöglichen es, die Menschenrechte einzuschränken. Auch in dieser Hinsicht ist Israel ein einzigartiges Land unter den Demokratien der Welt. Darin unterscheidet es sich auch von Polen und Ungarn.

In der Praxis sind die israelischen Regierungen bis heute sehr zurückhaltend bei der Ausübung ihrer Befugnisse gemäß den Verteidigungs- und Notstandsvorschriften, die die Briten vor der israelischen Unabhängigkeit im Land eingeführt hatten. Außer, wie erwähnt, in den besetzten palästinensischen Gebieten. Es ist jedoch klar, dass es nicht wünschenswert ist, sich immer auf die Zurückhaltung einer Regierung zu verlassen, die sich den »Demokratien« von Ungarn und dem PiS-Polen annähert.

Das und noch mehr: Anders als Israel haben und hatten die Ungarn und die Polen eine mächtige Barriere bei der Entwicklung ihrer Autokratien, eine Barriere, die Israel nicht hat. Die beiden osteuropäischen Länder sind Mitglieder der Europäischen Union. Und die Union ist grundsätzlich und verfassungsmäßig auf parlamentarischen Demokratien aufgebaut. Die Union kann und ist bereit, schmerzhafte Sanktionen gegen einen Mitgliedstaat zu verhängen, der die Grundlagen der Demokratie verletzt.

Beispielsweise hat die Regierung in Ungarn im Jahr 2019 ein Gesetz erlassen, das ein vom System der ordentlichen Gerichte getrenntes System von Gerichten für Regierungsangelegenheiten einführte und diese ermächtigte, Regierungsangelegenheiten zu erörtern, einschließlich des Wahlsystems, Regierungsentscheidungen, Ernennungen usw., des Rechts, gegen die Regierung zu demonstrieren, und des Verdachts der Regierungskorruption. Das Gesetz stellte den Justizminister an die Spitze des Systems und übertrug ihm die Kontrolle über die Ernennung und Beförderung der Richter an diesen Gerichten. Die Europäische Union war nicht bereit, die Verletzung der Unabhängigkeit der Justiz hinzunehmen, und fror einen riesigen Zuschuss an Ungarn ein, der sich auf dreizehn Milliarden Euro belief. Ungarn, dessen Wirtschaft sich verschlechterte, musste einen Rückzieher machen: Es hob das Gesetz zur Einrichtung dieser Gerichte auf und gab in diesem Jahr die Befugnis zur Erörterung von Regierungsangelegenheiten an die ordentlichen Gerichte zurück.

Israel ist kein Mitglied einer ähnlichen internationalen Organisation, die über Instrumente verfügt, um die Regierung in die Schranken zu weisen und Schaden an den Grundlagen der Demokratie abzuwenden. Obwohl mehrere Länder und internationale Gremien Israel verurteilen und vor den Folgen der Förderung der Justizrevolution gewarnt haben, hindert dies die Regierung nicht daran, den Kopf in den Sand zu stecken. Auf jeden Fall ist sie nicht bereit, ihr Verhalten oder ihre Pläne zu ändern. Die Schlussfolgerung lautet: Wenn es der Regierung von Netanjahu und seinen extremistischen Partnern gelingt, Israel durch die juristische Revolution in eine Autokratie zu verwandeln, könnte das Regime in Israel noch folgenschwerer sein als in Ungarn und früher in Polen, die von der Europäischen Union etwas gezügelt werden.

Ein schlimmeres Szenario zeichnete in der *New York Times* der einflussreiche Journalist Thomas Friedman. Er verbrachte als Reporter für seine Zeitung mehrere Jahre im Libanon und mehrere Jahre in Israel. Er verfolgt die Geschehnisse und schreibt oft über den Nahen Osten. Seiner Meinung nach ist es ein Fehler zu glauben, dass Israel kurz davor steht, das Polen oder Ungarn des Nahen Ostens zu werden. Israel komme, schreibt er, dem Libanon näher. Ihm zufolge gibt es eine Ähnlichkeit zwischen dem heutigen Israel und dem Libanon vor fünfzig Jahren. Eine stärkere Ähnlichkeit als zu Ungarn und Polen. Der Libanon war damals ein blühendes Land, das Bankenzentrum des Nahen Ostens, ein Anziehungspunkt für den Tourismus, dessen Hauptstadt Beirut als »Paris des Nahen Ostens« bezeichnet wurde. Und das, obwohl es schon immer aus unterschiedlichen Bevölkerungs- bzw. ethnischen Gruppen bestand, zwischen denen, wie bereits erwähnt, große Spannungen herrschten. Der Unterschied äußerte sich nicht nur in der Religion, sondern auch in der Bildung, dem sozialen und dem wirtschaftlichen Status. Die Spannungen schwelten vor fünfzig Jahren und schon lange davor unter der Oberfläche, waren aber unter Kontrolle und ermöglichten ein normales Leben und eine gute Entwicklung des Landes. Doch Mitte der 1970er-Jahre entluden sich die inneren Spannungen mit großer Wucht.

Dies führte zu einer tiefen nationalen Krise und sogar

zu einem erbitterten und zerstörerischen Bürgerkrieg. Die Krise schwächte die staatlichen Institutionen, die ordnungsgemäße Verwaltung, die öffentliche Ordnung und natürlich die Wirtschaft. Ausländische Investoren zogen sich aus dem Libanon zurück, hauptsächlich die Araber des Nahen Ostens, darunter natürlich auch die Ölproduzenten. Vielleicht noch schlimmer: Viele der Eliten wanderten aus dem Libanon nach Europa, Nord- und Südamerika und sogar Afrika aus. Diese werden wahrscheinlich nie in den Libanon zurückkehren. Weder sie noch ihr Eigentum und Kapital. Heute ist der Libanon ein ruiniertes, rückständiges und unglückliches Land, und das liegt nicht an einem ausländischen, einem externen Feind, sondern nur an internen Konflikten.

Nur wenige in Israel interessieren sich für den Libanon und das, was dort vor sich geht, außer natürlich diejenigen, die für die Sicherheit an der Nordgrenze Israels zum Libanon verantwortlich sind. Dort, im Südlibanon, leben überwiegend Mitglieder der schiitischen muslimischen Gemeinschaft. Diese sind in der Welt unter dem Namen der regionalen militanten Organisation Hisbollah bekannt. Sie bekommen viel Unterstützung von der großen schiitischen Schwester Iran. Es wird niemanden überraschen zu hören, dass der Großteil dieser Hilfe militärischer Art ist, in Form von Abertausenden sehr fortschrittlichen Raketentypen, die natürlich alle auf Israel gerichtet sind. Dank der iranischen Unterstützung nahmen die Wichtigkeit und der Einfluss des Mullah-Regimes im gesamten libanesischen System zu.

Aus irgendeinem Grund fand der interne Erdrutsch im

116

Libanon im allgemeinen israelischen Bewusstsein keine große Beachtung, obwohl er als Alarmsignal für den südlichen Nachbarn des Libanon dienen sollte.

Und zwischen Israel und dem Libanon gibt es eine gewisse Ähnlichkeit. Auch Israel besteht aus unterschiedlichen Bevölkerungsgruppen. Der frühere Präsident des Landes, Reuven Rivlin, nannte sein Volk eine Ansammlung von Stämmen. Stämme, zwischen denen es spätestens seit der Staatsgründung Spannungen gab. Zum Teil handelt es sich hierbei um eine künstliche Spannung, die von Politikern kultiviert wird, die sie für ihre eigenen Interessen ausnutzen. Und doch waren die israelischen Regierungen im Allgemeinen in der Lage, diese Spannungen zu kontrollieren, so wie der libanesische Staat vor fünfzig Jahren. Somit haben die inneren Konflikte der ordnungsgemäßen Verwaltung und der öffentlichen Ordnung nicht geschadet und den Wohlstand des Staates nicht beeinträchtigt.

Dies war in der Tat der Fall bei der Bildung der »gänzlich rechten« Regierung Netanjahus, die Israel vom ersten Tag des Jahres 2023 an regierte. Es ist kein Zufall, dass die inneren Spannungen in Israel in diesem Jahr mit solcher Wucht ausbrachen: Dies war die Folge der »Justizrevolution«. Viele Israelis glauben, dass sich dieses Vorhaben nicht von selbst halten kann. Es hat keine Grundlage und keine Rechtfertigung.

Und so benutzt die Regierung die internen Konflikte, um die Revolution voranzutreiben. Deshalb unternimmt sie auch nichts, um die Geister zu beruhigen. Sie bewirkt das Gegenteil: Sie schürt das Feuer des Konflikts, der den Zusammenhalt der israelischen Gesellschaft und das Zusammenleben der verschiedenen Stämme, aus denen die Nation besteht, bedroht. Und hier liegt die verblüffende, wenn auch sehr unterschiedliche Ähnlichkeit zwischen dem, was im Libanon passiert ist, und dem, was sich in Israel zusammenbraut.

Könnte der interne Konflikt in Israel auch bis zum Bürgerkrieg aufflammen? Ich glaube das nicht. Die Gegensätze zwischen den Gruppen in Israel sind nicht so groß. Auch herrscht in Israel trotz allem Solidarität in der jüdischen Mehrheitsgesellschaft, nicht nur aufgrund der gemeinsamen Geschichte, sondern auch aufgrund des gemeinsamen Schicksals angesichts der Bedrohung durch die Existenz äußerer Feinde – und damit ist nicht nur der Iran der Ayatollahs gemeint. Allerdings sollte man die Gefahr nicht außer Acht lassen, dass sich der interne Konflikt, sollte er anhalten, in unerwarteter Richtung und Intensität zuspitzen könnte. Es mag für uns heute schwierig sein, sich daran zu erinnern, aber vor ein paar Jahrzehnten konnte niemand vorhersagen, dass der blühende und wohlhabende Libanon in einen endlos blutigen Bürgerkrieg gerät und in einer so großen Selbstzerstörung versinken würde. Und es darf nicht außer Acht gelassen werden, dass es selbst in Israel, wo in den Augen der Mehrheit die Gefahr eines Bürgerkriegs unrealistisch erscheint, eine Absurdität, die jeder Logik entbehrt, bereits heute eine bedeutende Minderheit gibt, die offen vor einer solchen Gefahr warnt.

Die juristische »Revolution« ist brisant, auch wenn sie nicht zu einem Bürgerkrieg führt. Ob sie Israel dazu bringen wird, ein autokratischer Staat wie Ungarn oder noch schlimmer zu werden, oder ob sie »nur« materielle oder soziale Zerstörung verursachen wird? Klar ist, dass sie einen sehr hohen Preis fordern wird.

Viele Bürger fragen sich verlegen: »Was tun?« Wird das Gericht die »Revolution« stoppen? Hat es genug Mut und öffentliche Macht dazu? Nimmt man sich ein Beispiel am Mut und Fleiß der Richter im Netanjahu-Prozess, dann sind keine großen Erwartungen angebracht. Einer der Richter des Obersten Gerichtshofs signalisierte bereits, dass ihm nicht zu trauen sei. Im rechten Lager gibt es viele, die auf materielle Erschöpfung im Protestlager setzen. Denn so löste sich der riesige Protest im Jahr 2011 auf. Andere, vielleicht die meisten Bürger, die zugeben, dass die Last des Protests schwer ist, glauben nicht, dass der Wind bald die Segel verlässt. Schließlich gibt es von ihnen so viele, auch Rechtswähler, dass sie dieses Mal die Urteile der Regierung nicht akzeptieren. Sie demonstrierten massenhaft gegen die Entlassung des Verteidigungsministers. Die Demonstranten glauben im Allgemeinen, dass man Netanjahu nicht trauen kann. Er wird scheinbare Zugeständnisse für eine vorübergehende Ruhe machen, die er zu einem bestimmten Zeitpunkt dringend benötigt, beispielsweise aus Rücksicht auf die Außenbeziehungen, insbesondere mit den Vereinigten Staaten, und wird sofort zu seinen Machenschaften zurückkehren, sobald er glaubt, dass er sich diese wieder leisten kann. Nun wartet alles auf das Ergebnis des Kriegs. Solange der Krieg anhält, gibt es herbe Diskussionen in dem Protestlager, wann die Protestbewegung wieder in voller Macht lanciert sein soll. Viele protestieren heute, Mitte März, schon, und viele halten sich noch wegen des Krieges zurück. Aber viele sind auch der Meinung, dass

sich die Lage nach dem Krieg beruhigen wird, und Netanjahu neue Kräfte bekommen wird und damit die »Reform«
in voller Macht wieder an den Gang bringt.

Daher ist damit zu rechnen, dass der Kampf weitergeht.
Aus tiefer Angst gehen die Demonstranten auf die Straße.
Sie fürchten nicht nur um ihr persönliches Schicksal, sondern auch um das Schicksal des Landes. Sie sind entschlos-
sen, die Demokratie zu schützen, auch wenn der Preis dafür
hoch ist. Sie glauben, dass Massenproteste für soziale Gerechtigkeit der Weg ist, die Revolution zu stoppen und eine
Katastrophe in Israel zu verhindern. Sie werden nicht aufgeben, und die Polizei wird sie auch nicht aufhalten. Diese
Polizei wurde in der rechten Regierung unter einem Minister eingesetzt, der nicht radikaler hätte sein können als
Itamar Ben Gvir, ein Mann, der nicht in der Armee diente,
dessen Reibereien mit der Polizei jedoch zahlreich sind.

Heute versucht er, die Polizisten, die ihn für ihre Beförderung brauchen, für seine Zwecke zu nutzen. Aber selbst
die Polizei von Ben Gvir wird die Demonstranten nicht
behindern, auch wenn sie Anweisungen erhält, die in Poli-
zeistaaten akzeptierten Mittel einzusetzen.

Etwa eine Woche nach der Bildung von Netanjahus
sechster Regierung, anderthalb Jahre nach seinem Ein-
tritt in die Opposition, berief der neue Justizminister Jariv
Levin am 4. Januar 2023 eine Pressekonferenz ein. Feier-
lich, wie es sich für ein historisches Ereignis gehört, verkündete er seinen Plan, eine wichtige Reihe von Gesetzen
auf den Weg zu bringen. Levin nannte seinen Plan »Reform des Justizsystems«. Schnell wurde klar, dass es um
viel mehr ging. Levin plante einen echten Umsturz. Eine

Verfassungsrevolution, die das Justizsystem dramatisch schwächen wird. Eine Verfassungsrevolution, die es der Regierung ermöglichen würde, nahezu ohne Kontrolle und Gegenkontrolle zu regieren.

Was ist nun dieses System, das die Regierung mit aller Kraft und Brutalität und mithilfe falscher Propaganda umzusetzen versucht? Eine Propaganda, die versucht, den Eindruck zu erwecken, dass der gesamte Plan des Justizministers Levin nichts anderes als ein Plan zur Stärkung der Demokratie sei.

13.

Ziele der »Justizreform«

Hier einige Beispiele aus den Plänen der »Justizreform«:

Das Gesetz zur Aufhebung der Angemessenheitsbegründung:

Die Angemessenheitsbegründung wurde von den Gerichten seit Jahrzehnten als zentrales Instrument zur gerichtlichen Überprüfung von Entscheidungen der Regierung, von Ministern und anderen Behörden genutzt. Mittlerweile hat die Regierung mit der Mehrheit im Parlament (64 Mitglieder der Koalition gegen 56 Mitglieder der Opposition) eine »Änderung des Grundgesetzes: Die Justiz« verabschiedet, wonach dem Gericht künftig die Kritik an einer Entscheidung der Regierung und gewählter Beamter kraft der Angemessenheitsbegründung untersagt wird. Diese »Korrektur« umfasst auch Entscheidungen über Ernennungen oder Entlassungen. Diese werden zu willkürlichen Entscheidungen der Exekutive, die nicht mehr anfechtbar sind.

Durch diese Gesetzesänderung wird die juristische Kontrolle der Regierung und ihrer Minister drastisch reduziert. Der Schritt wird einen Eingriff des Obersten Gerichtshofs in Fällen, in denen gewählte Amtsträger willkürliche oder korrupte Entscheidungen treffen, sehr erschweren. Der Oberste Gerichtshof wird nicht einmal in Gesetze eingreifen können, die die Menschenrechte verletzen.

Die Überwindungsklausel:
Seit Mitte der 1990er-Jahre hat der Oberste Gerichtshof Gesetze für ungültig erklärt, die den Grundgesetzen widersprechen und Verletzungen individueller Rechte beinhalten. Die nun vorgeschlagene »Änderung« wird es der Knesset ermöglichen, jedes vom Obersten Gerichtshof abgelehnte Gesetz erneut in Kraft zu setzen. Die »Änderung« wird es dem Gericht auch nicht ermöglichen, ein Gesetz für ungültig zu erklären, das von einer Mehrheit von 61 Mitgliedern der Knesset angenommen wurde, selbst wenn es als Grundgesetz in Kraft bleiben soll.

Dies wird dem Obersten Gerichtshof die Möglichkeit nehmen, das Parlament zu überprüfen und die Öffentlichkeit vor Gesetzen zu schützen, die die Rechte des Einzelnen verletzen. Auf diese Weise können in Grundgesetzen verankerte Rechte verletzt werden, insbesondere Rechte wie die Meinungsfreiheit, das Demonstrationsrecht, das Recht auf ein faires Gerichtsverfahren und der Gleichheitsgrundsatz. Die Regierung, die das Parlament kontrolliert, wird ohne Aufsicht tun können, was sie will.

Grundgesetze:

Wie bereits erwähnt, hat Israel keine Verfassung. Im Laufe der Jahre hat die Staats- und Regierungsführung des Landes versucht, für diese einzigartige Situation, die es sehr schwierig macht, das öffentliche Leben richtig zu verwalten, Abhilfe zu schaffen. Als Übergangslösung schuf die Knesset sogenannte »Grundgesetze«. Und es stimmt, dass der Oberste Gerichtshof bisher vermieden hat, solche Gesetze abzuweisen. Er erklärte jedoch, dass er nicht völlig daran gehindert sei, Grundgesetze außer Kraft zu setzen, und dass er dies in einem extremen Fall tun könne, wenn ein Grundgesetz die Werte des Staates als jüdisch und demokratisch negieren würde, oder in einem Fall, dass die Knesset »ihre Autorität als verfassungsgebende Autorität missbraucht« und einem Gesetz, das sich nicht mit verfassungskonformen Normen befasst, den Titel »Grundgesetz« verleiht.

Um diese »Lücke« zu schließen, die dem Gericht Raum für Kritik an grundlegenden Gesetzen lässt, schlägt die Regierung nun vor, diese grundlegende Entscheidungsmöglichkeit des Hohen Gerichtshofs für Justiz zu kastrieren und in der Knesset folgendes Gesetz zu erlassen: »Es wird keine Gültigkeit der Entscheidung des Hohen Gerichtshofs für Justiz über die Gültigkeit der Grundgesetze geben.« Dies würde es der Knesset ermöglichen, Grundgesetze zu erlassen, die den Menschenrechten schaden oder sogar der Definition Israels als demokratischer Staat widersprechen könnten. Und das ohne jegliche Möglichkeit einer gerichtlichen Überprüfung solcher Gesetze.

Das Gesetz über die Rechtsberater:

Heute sind Regierung und Minister verpflichtet, gemäß den Stellungnahmen der Rechtsberater in den Ministerien zu handeln. Nach dem jetzigen Vorschlag der Regierung, das Grundgesetz in dieser Hinsicht zu »ändern«, soll die fachliche Stellungnahme der Rechtsberater nur als Empfehlung gelten. Auf diese Weise können die Minister entgegen der Meinung ihrer Rechtsberater handeln. Ohne ein verbindliches Rechtsgutachten können die Minister jedoch nicht im Einklang mit den Regeln des öffentlichen Rechts vorgehen, wie das heute von ihnen verlangt wird, nämlich »fair, vernünftig, gerecht und ohne sachfremde Erwägungen« zu handeln. Der geplante Schritt wird den Status der Berater als Gatekeeper und angesehene Anwälte von Rang im öffentlichen Dienst beschneiden. Tatsächlich besteht überhaupt kein Bedarf mehr an Rechtsberatern, da die Minister nach dem neuen Gesetzentwurf private Anwälte mit der Formulierung von juristischen Ratschlägen beauftragen können. Es versteht sich somit von selbst, dass diese Anwälte tun werden, was der Auftraggeber von ihnen verlangt.

Es bestehen noch ein paar neue Gesetzesänderungen oder solche Änderungen, die sich in beschleunigter Vorbereitung befinden:

Im März 2023 verabschiedete die Knesset das »Amtsenthebungsgesetz«. Dabei handelt es sich um ein Gesetz, das die Absetzung des Premierministers erschwert, obwohl er als Angeklagter in einem Strafverfahren mit der Justiz in einem Interessenkonflikt steht. Der neue Gesetzesentwurf, der von Netanjahus Leuten vorangetrieben wird, besagt, dass die Entscheidung über eine Amtsenthebung nur aus gesundheitlichen Gründen und nur auf Initiative des Premierministers selbst oder mit einer Dreiviertelmehrheit des Kabinetts stattfinden kann. Dies gilt auch in einer Situation, in der der Premierminister im Koma liegt, wie es beim ehemaligen Premierminister Ariel Scharon der Fall war.

Anfang August 2023 forderte der Oberste Gerichtshof die Regierung und die Knesset dazu auf darzulegen, warum das Inkrafttreten dieser Gesetze nicht verschoben werden sollte.

Es ist wichtig, genau zu verstehen, was dieses Gesetz bedeutet. Dies ist ein Fall, in dem die Koalition die Gesetze für eine bestimmte Person »korrigiert«: Netanjahu. Das Ziel ist klar: die Anträge zu vereiteln, mit denen seine Amtsenthebung erklärt werden soll. Unmittelbar nach der Vorlage dieses Gesetzentwurfs beeilte sich Netanjahu zu verkünden, dass er von der Furcht vor einer Amtsenthebung befreit sei und sich daher sofort der Förderung der »Verfassungsrevolution« zuwende. Dies steht im Widerspruch zu den Leitlinien der Rechtsberater der Regierung in seinem Interessenkonflikt als Angeklagter in strafrechtlichen Handlungen.

Die Knesset verfügt über konstitutive Autorität: die Befugnis, Grundgesetze zu erlassen, die als Ersatz für die nicht vorhandene Verfassung dienen. Aber keine Autorität hat unbegrenzte Befugnis, nicht einmal die Knesset. Die Grenzen hierfür hat das Gericht mehrfach in einer Reihe von Urteilen, die darauf zurückzuführen waren, dass die Knesset ihre Befugnisse zur Festlegung von Grundgesetzen übermäßig ausnutzte, aufgezeigt. Diese Gesetze sollen allgemeingültig, zukunftsorientiert und stabil sein. Sie sind weder für den persönlichen Gebrauch des Premierministers noch für den persönlichen Gebrauch einer anderen Person bestimmt.

In einem anderen Fall änderte die Knesset die Polizeiverordnung dahingehend, dass sie dem Polizeiminister (»dem Minister für nationale Sicherheit«, wie ihn der neue Minister Itamar Ben Gvir, ein Rechtsextremist, zu nennen beschloss) die Befugnis einräumte, die keiner seiner Vorgänger hatte, und zwar die Möglichkeit, in die Polizeiarbeit einzugreifen. Ben Gvir erhielt auch die Bestätigung, eine neue Polizeibehörde zu gründen, eine Art Miliz, die eigentlich direkt unter seinem Kommando stehen soll. Eine sensible und gefährliche Position für eine Person, die nicht einmal einen Tag Pflichtdienst in der Armee abgeleistet hat. Und die Regierung plant noch weitere Gesetze der gleichen Art, die sich in Vorbereitung befinden.

14.
Netanjahu und sein Versuch, die Medien zu kontrollieren

Es ist natürlich und fast selbstverständlich, dass Politiker immer versuchen werden, Einfluss auf die Medien zu nehmen. Dies ist die Quelle ihres öffentlichen Lebens. Je mächtiger der Politiker ist, desto größer wird sein Wunsch sein, die öffentliche Meinung, vielleicht sogar die Gedanken seiner Staatsbürger, zu kontrollieren.

Netanjahu war schon immer Gegenstand von Gerüchten über seine Art und Weise, die Medien zu beeinflussen. Seine Leute sind ständig und unermüdlich in sozialen Netzwerken und WhatsApp-Gruppen aktiv, meist anonym oder unter Pseudonymen. Es handelt sich um eine äußerst intensive Intoxikation, die Früchte trägt. Doch neben den Mühen, mit diesen modernen Mitteln Einfluss zu nehmen, vernachlässigt Netanjahu die klassischen Medien keineswegs. Dabei handelt es sich nicht nur um die Beeinflussung von Journalisten und Meinungsmachern, sondern auch um eine direkte Einflussnahme auf die Medieneigentümer, manchmal auf direkte unverhohlene Weise. So gründete einer seiner milliardenschweren Unterstützer in den Vereinigten Staaten, Sheldon Adelson, für ihn eine Zeitung, die im ganzen Land kostenlos verteilt wird. Sheldon Adelson ist kürzlich verstorben, aber die Zeitung *Israel HaJom* wird von seiner Witwe und Erbin weiterhin mit großer Intensität kostenlos verteilt. Die Witwe Adelson ist israelischer Herkunft und für ihre rechtsextremen Ansichten bekannt.

Wie bereits erwähnt, ist die Zeitung zwar ein wichtiges Instrument zur Beeinflussung der öffentlichen Meinung, aber sicherlich nicht das einzige. Netanjahu hat auch milliardenschwere Freunde, hauptsächlich in den Vereinigten Staaten, die seinem Druck nachgaben und zu seinen Diensten einen Fernsehsender gründeten. Dieser heißt *Kanal 14* und widmet sich der manchmal groben und elementaren Propaganda für Netanjahu, seine Regierung und seine Politik. Und auch das fasst das Verhältnis zwischen Netanjahu und den Medien nicht zusammen. Weit entfernt. Allmählich wurde immer mehr Beobachtern klar, dass Netanjahu nicht versucht, die Medien zu beeinflussen, wie es jeder Politiker in demokratischen Ländern versucht. Er will viel mehr als das. Er versucht, die Medien direkt zu kontrollieren und ihre Inhalte zu diktieren, und ich habe bereits mehrere Beispiele dafür genannt. Nach und nach wurde klar, dass er die gesamten Medien kontrollieren will.

Anhand der Prozessakten konnte auch herausgefunden werden, wie viele Ressourcen und wie viel Zeit Netanjahu und seine Mitarbeiter investierten, um Kontrolle über die Medien zu erlangen und die Verleger dahingehend zu manipulieren, ihm zu gehorchen. Die vor dem Jerusalemer Gericht vernommenen Beweise belegen nicht nur, dass Netanjahu das Medienministerium kontrolliert, sondern auch, dass er sich selbst in kleine Details wie die Einsetzung von Journalisten und in Nachrichten, die über ihn oder seine Familie veröffentlicht wurden oder veröffentlicht werden sollten, einmischte.

Ohne die Ernsthaftigkeit dieser Verdächtigungen zu unterschätzen, war die vorherrschende Meinung, dass Netanjahus Schritte, die Medien zu beherrschen, politischen und persönlichen Motiven entsprangen. Einige argumentierten, dass es sich bei seinem Handeln lediglich um einen Mangel an Verhältnismäßigkeit handele. Die »Verfassungsrevolution«, die Netanjahu unmittelbar nach seiner Rückkehr an die Macht im Januar 2023 begonnen hat, erschüttert jedoch alle vorgefassten Meinungen über seine Beweggründe und die seines Kreises von Loyalisten. Seine Absicht ist es, die Medien und damit das Narrativ zu beherrschen.

Einem großen Teil der öffentlichen Meinung ist längst klar, dass es nicht nur um den persönlichen Wunsch geht, für positive Berichterstattung zu sorgen, in der Öffentlichkeit beliebt zu sein und wiedergewählt zu werden. Die Verfassungsrevolution macht deutlich, dass es sich hierbei um einen umfassenden systemischen Plan handelt, der darauf abzielt, den Staat Israel zu verändern und gleichzeitig die liberale Demokratie zu zerstören. Das heißt: der Aufbau eines neuen Regierungsmodells. Dabei sollen die Medien auch aufhören, ihre Rolle als öffentliche Wachhunde zu spielen und sich zu unterwürfigen, gehorsamen Dienern der Regierung entwickeln. Die »Verfassungsrevolution« kann nicht ohne eine Medienrevolution stattfinden.

Netanjahus Grundeinstellung den Medien gegenüber

hat sich im Laufe der Jahre nicht verändert, außer auf taktischer und technischer Ebene. Am Ende seiner ersten Amtszeit, nachdem er 1999 nach drei Jahren an der Macht seinen Posten verloren hatte, schien Netanjahu entschieden zu haben, dass der Weg zurück an die Macht über die Medien führen würde. In den ersten Phasen versuchte er, indirekt die Kontrolle über die Medien zu erlangen, und zwar über ihm nahestehende Geldgeber, die neue Medienunternehmen gründen oder bestehende Medien aufkaufen sollten. Er versuchte unaufhörlich, Investoren zu ermutigen, in seinem Namen in den Medienmarkt einzusteigen.

In den letzten Jahren, insbesondere seit Beginn der strafrechtlichen Ermittlungen gegen ihn, scheint Netanjahu seine Vorgehensweise geändert zu haben. Anstatt zu versuchen, alle Mainstream-Medien zu beherrschen, wählte er eine Strategie der Konfrontation mit ihnen. Es gelang ihm, ein ausgeklügeltes alternatives System zur Verbreitung von Nachrichten unter seiner vollständigen Kontrolle aufzubauen. Diese werden, wie erwähnt, über die sozialen Netzwerke und WhatsApp-Gruppen von denen, die seine Befehle ausführen, veröffentlicht. Netanjahus Maschine zur »Verbreitung von Mitteilungen«, in die seine Partei, der Likud, viele Ressourcen investierte, gelang es, die Medien zu umgehen und ihre Glaubwürdigkeit zu untergraben. Jede Recherche, jedes enthüllte Ermittlungsmaterial über Netanjahu wurde als falsche und böswillige Veröffentlichung der linken Medien dargestellt, die das Ziel hätten, einen amtierenden Premierminister seines Amtes zu entheben.

Und warum nur die linken Medien? Ganz einfach:

Jeder, der sich Netanjahu widersetzt, auch prominente Rechte, wird sofort als »Linker« gebrandmarkt. Auch wenn Netanjahu Journalisten hat, die in seinem Namen »agieren«, darunter einige prominente, und obwohl er die Medien kontrolliert, behandelt er diejenigen, die seine Befehle ausführen so, als wären sie sein Privateigentum. Aber auch damit ist er nicht zufrieden. In letzter Zeit hat er die Strategie ein weiteres Mal geändert. In seiner Propaganda verteufelte er die Medien und stellte sich selbst als Opfer dar. Dies ist beispielsweise der Grund, warum in der Vergangenheit an Wahlabenden auf den Propagandaplakaten der Likud-Partei Fotos einiger der führenden unabhängigen Journalisten zu sehen waren, auf denen zu lesen war: »Sie werden nicht entscheiden.« Netanjahu verteufelt nun die Medien, die ihn nicht so unterstützen, wie er sich das wünscht. All dies wurde im Jahr 2023 erheblich intensiviert.

Nach seiner Rückkehr an die Macht schien der Wunsch, die Staatsführung in Israel grundlegend zu ändern, Netanjahu und seine Anhänger wieder zu seinem Ziel zurückgeführt zu haben, die vollständige Kontrolle über alle oder fast alle Mainstream-Medien in Israel zu übernehmen. Im Rahmen seiner Mission begann Kommunikationsminister Shlomo Karhi, Gesetzesänderungen voranzutreiben, die es einem neuen Gremium unter seiner direkten Kontrolle ermöglichen würden, die Inhalte von Rundfunkanstalten genau zu überwachen und ihnen bei Missachtung seiner Anweisungen hohe Geldstrafen aufzuerlegen. Das neue Gremium soll Netanjahus wirksamstes Instrument zur vollständigen Kontrolle der öffentlichen Meinung sein. Wenn der Plan von der Mehrheit in der Knesset angenommen wird, wird Netanjahu sowohl über das System zur Verbreitung von Mitteilungen in sozialen Netzwerken als auch über unterwürfige und verängstigte Medien verfügen, die aufgrund des Kampfes um ihre Existenz möglicherweise ihre derzeitige Rolle in einer funktionierenden Demokratie aufgeben.

Man würde denken, die Situation heute sei nicht mit der Situation in Europa in den 1930er-Jahren vergleichbar. Damals war fast jeder auf die lokalen Medien angewiesen, um überhaupt Informationen und Kommentare zu erhalten. Nur sehr wenige hatten Zugang zur ausländischen Presse. Das Radio steckte noch in den Kinderschuhen, und es war ohnehin sehr schwierig, ausländische Sender zu empfangen. Hinzu kommt, dass nur eine kleine Minderheit über Fremdsprachenkenntnisse verfügte. Auch das Kino unterlag der Kontrolle oder zumindest sorgfältigen Aufsicht einer strengen Zensur der importierten Filme. In Hollywood, wo Juden eine entscheidende Größe waren, wurden in den 1930er-Jahren kaum Anti-Nazi-Filme gedreht. 1940, nach Kriegsausbruch, drehte Charlie Chaplin in den Vereinigten Staaten seinen berühmten Film »Der große Diktator«, in dem er sich über Mussolini und insbesondere Hitler lustig machte. Schon zu diesem Zeitpunkt konnte Chaplin die Themen, die er verspottete, nicht beim echten Namen nennen und keine Symbole wie das Hakenkreuz zeigen. Er nennt Hitler Hinkel. Er nannte Göring Garbage (englisch für Müll), er ersetzte die Hakenkreuzfahne durch eine Flagge, die dieser sehr ähnlich ist und uns sofort an das Hakenkreuz erinnert und so weiter und so fort. Die anderen Kommunikationsmittel, die wir heute kennen, existierten damals noch nicht, was bedeutete, dass ein totalitäres Regime keine Schwierigkeiten hatte, seine Propaganda nahezu der gesamten öffentlichen Meinung aufzuzwingen.

Aber heute? Mit kostenlosen internationalen Telefonleitungen, Radio und Fernsehen, die von überall auf der Welt, ohne Einschränkungen und fast ohne finanzielle Investitionen problemlos gesehen und gehört werden können? Hinzu kommen umfangreiche Fremdsprachenkenntnisse. Wer bleibt ein Gefangener der lokalen Medien? Wie kann die ungarische Regierung die öffentliche Meinung vollständig kontrollieren, indem sie die lokalen Medien beherrscht?

Die Antwort auf diese Fragen ist überraschend: Letztlich hängen die meisten Menschen an ihren traditionellen lokalen Medien. Selbst wenn sie der Sprache mächtig sind, sind die Menschen die ausländischen Medien nicht gewohnt. Die Belgier stehen den belgischen Medien nahe, obwohl ihre eigene Sprache Französisch oder Niederländisch ist und Rundfunksender aus Frankreich und den Niederlanden sie massenhaft umzingeln. Die Österreicher sind den österreichischen Medien gegenüber loyal, obwohl sie mit ihren deutschen Nachbarn eine gemeinsame Sprache teilen. Und so ist es in englisch- oder spanischsprachigen Ländern und so weiter.

15.
»Es ist der Staat Israel!«

Seit der Gründung der zionistischen Bewegung Ende des
19. Jahrhunderts war allen ihren Mitgliedern und Unterstützern klar, dass es sich um eine demokratische Bewegung
in all ihren Erscheinungsformen handelt. Eine Bewegung,
in der alle Mitglieder gleiche Rechte haben, auch Frauen.
In diesem Zusammenhang ist daran zu erinnern, dass sich
damals selbst vorbildliche demokratische Bewegungen
nicht für die Gleichberechtigung von Frauen einsetzten.
Die Französische Republik brauchte eine Weile, um das
Frauenwahlrecht einzuführen, während die Schweiz bis
1971 wartete, bevor sie Frauen das Wahlrecht gewährte.

Natürlich glaubten nicht alle Juden auf der ganzen Welt
an die demokratische Idee. Sicherlich nicht bei der Gleichberechtigung von Frauen. Und es stimmt, dass die zionistische Bewegung in ihren ersten Jahrzehnten eine Min-
derheitsbewegung innerhalb des jüdischen Volks war. Die
Orthodoxen protestierten dagegen, weil sie darin eine Bewegung sahen, die versucht, »Dinge zu überstürzen«, also
eine Bewegung, die gegen den Willen Gottes verstößt. Sie
glaubten, und viele von ihnen glauben heute immer noch,

dass man, um die Erlösung zu erlangen, untätig auf das Kommen des Messias warten muss. Im Gegensatz dazu glaubten die meisten Juden in Westeuropa an Modernität und Fortschritt. Auch wenn sie nicht sofort von der vollen Gleichberechtigung, wie sie sich in Frankreich oder den Vereinigten Staaten manifestierte, überzeugt waren. Im kaiserlichen Deutschland hatten die Juden in den meisten Lebens- und Gesellschaftsbereichen viele Aufstiegschancen, aber immer noch keine völlige Gleichberechtigung.

Zum Beispiel: Bis zum Ersten Weltkrieg konnte ein Jude den Rang eines Offiziers in der kaiserlichen Armee nicht erreichen. Um den Rang eines Leutnants zu erreichen, musste er zum Christentum konvertieren. Walther Rathenau, ein Mann mit enormem Einfluss auf die Wirtschaft und Politik Berlins, Unternehmer, großer Patriot und sehr berühmter Jude, konnte trotz enormer Anstrengungen und Druck nicht zum Leutnant aufsteigen. Und um zu veranschaulichen, wie groß der Einfluss von Rathenau, dem Besitzer der Elektroindustrie des Reiches, war, erinnern wir uns daran, dass er nach dem Ersten Weltkrieg zum Reichsaußenminister ernannt wurde. Bis heute ist er der einzige Jude in der gesamten deutschen Geschichte, der den Rang eines Ministers erreicht hat. Bekanntlich wurde Rathenau von Aktivisten der damals noch in den Kinderschuhen steckenden Nazi-Bewegung ermordet. Mehr als eine Million Menschen wohnten seiner Beisetzung in Berlin bei.

An allen stürmischen Umbrüchen Europas zwischen den beiden Weltkriegen hatte die zionistische Bewegung, im Gegensatz zu den meisten Juden des Westens oder Juden im Allgemeinen, keinen Anteil. Sie hielt an ihrem Ziel fest, einen jüdischen und demokratischen Staat zu errichten.

1948 endete die britische Herrschaft in Palästina, und in Tel Aviv wurde die Gründung des unabhängigen jüdischen Staates Israel verkündet. In der Unabhängigkeitserklärung (eine Schriftrolle, die als eine Art Ersatz für eine Verfassung diente) und der von David Ben-Gurion am 14. Mai 1948 verkündeten Staatsgründung wird der neue Staat als Symbol und Beispiel für Menschenrechte dargestellt: Demokratie in all ihrer Pracht. Und es stimmt, dass die meisten Israelis glauben, ihr Land sei ein vorbildliches modernes, kulturelles, menschliches und demokratisches Land, das einzige im Nahen Osten. Oder wie einer der Premierminister einmal sagte: eine Villa im Dschungel. Ist das nun wirklich so?

Noch bevor wir zur Frage der besetzten palästinensischen Gebiete, ihrer Behandlung und ihrer Zukunft kommen, werfen wir einen genaueren Blick auf die israelische Demokratie, wie sie seit ihrer Unabhängigkeitserklärung verwaltet wird:

In Israel gibt es keine Möglichkeit, standesamtlich zu heiraten. Heiraten ist nur im religiösen Rahmen gestattet. Juden dürfen nur im Rabbinat oder bei einem orthodoxen Rabbiner heiraten, Muslime bei einem Kadi und Christen in einer Kirche. Und das ist nur ein Teil der Macht und des Einflusses der Religion.

Das Bildungssystem ist zwischen religiösen Behörden aufgeteilt, selbst wenn die Einrichtungen staatlich sind, insbesondere wenn sie als »privat« eingestuft, aber dennoch vom Staat finanziert werden. Auf diese Weise kann das ultraorthodoxe Bildungssystem vermeiden, seinen Schülern Kernfächer wie Fremdsprachen, lateinische Buchstaben oder Naturwissenschaften zu vermitteln, ohne dass ihm die finanzielle Unterstützung des Staates entzogen wird.

An Samstagen und israelisch-jüdischen Feiertagen gibt es keine öffentlichen Verkehrsmittel. Die Tel Aviver Straßenbahn, die mit Verspätung im September 2023 eingeweiht wurde, ruht seit dem Tag ihrer Einweihung an Samstagen und Feiertagen.

Und das sind nur einige Beispiele für den Einfluss der Religion auf das öffentliche Leben, also ihren Einfluss und ihre Macht auch auf die säkulare Mehrheit im Land.

Israel als jüdischen und demokratischen Staat zu definieren, war für Juristen schon immer ein Problem, für die meisten Israelis jedoch nicht. Für sie schien dies immer natürlich und selbstverständlich zu sein. Schließlich waren wir schon immer Demokraten. Wie bekannt schuf bereits der Gründer der zionistischen Bewegung, Theodor Herzl, Ende des 19. Jahrhunderts die modernsten und fortschrittlichsten Grundlagen der Demokratie und der Menschenrechte. Dass die Bewegung jüdisch war, war selbstverständlich: Denn um die Frage der Existenz der Juden in Würde zu lösen, muss ein jüdischer Staat gegründet werden! Nur wenige der ersten Zionisten dachten damals über den Status der Nichtjuden im künftigen Staat nach, der immer noch wie ein sehr ferner Traum schien, ein Traum, an den die meisten Juden auf der Welt weder glaubten noch ihn unterstützten. Als die Versammlung der Vereinten Nationen am 29. November 1947 die Resolution über die Gründung eines jüdischen Staates in einem Teil Palästinas des britischen Mandatsgebiets verkündete, ging es gleichzeitig auch um die Gründung eines arabischen (im späteren Verlauf »palästinensischen«) Staates im anderen Teil des Mandatsgebiets Palästina (mit Ausnahme der Stadt Jerusalem, die ein separates Territorium unter internationaler Kontrolle sein sollte). Doch die Juden des Landes und die Juden der Welt, die sich als Zionisten definierten, sahen wiederholt keine Notwendigkeit, sich mit der »arabischen Frage« auseinanderzusetzen. Schließlich wurde den Arabern des Landes von den Vereinten Nationen ebenso wie den Juden ein eigener Staat in einem Teil des historisch-biblischen Landes Israel zugeteilt!

Am Ende der britischen Herrschaft, an dem in der UN-Resolution festgelegten Datum, dem 14. Mai 1948, verlas David Ben-Gurion die Unabhängigkeitserklärung des jüdischen Staates: »Es ist der Staat Israel« (und nicht, wie es in der jüdischen Tradition »das Land Israel« heißt, da es nur ein Teil des Landes war).

In derselben Unabhängigkeitserklärung, die in der Praxis bis heute als eine Art Ersatz der Verfassung verwendet wird, hieß es: »… der Staat Israel wird der jüdischen Einwanderung und der Sammlung der Juden im Exil offenstehen. Er wird sich der Entwicklung des Landes zum Wohle aller seiner Bewohner widmen. Er wird auf Freiheit, Gerechtigkeit und Frieden im Sinne der Visionen der Propheten Israels gestützt sein. Er wird all seinen Bürgern, ohne Unterschied von Religion, Rasse und Geschlecht, soziale und politische Gleichberechtigung verbürgen. Er wird Glaubens- und Gewissensfreiheit, Freiheit der Sprache, Erziehung und Kultur gewährleisten, die Heiligen

Stätten unter seinen Schutz nehmen und den Grundsätzen der Charta der Vereinten Nationen treu bleiben.«

Netanjahu und seinen Anhängern gefällt diese Unabhängigkeitserklärung nicht. Bereits am 19. Juli 2018 verabschiedeten sie mit einer Mehrheit von 62 zu 55 Stimmen ein neues Grundgesetz, das »Nationalstaatsgesetz«. Das Gesetz besagt, dass der Staat Israel der Nationalstaat des jüdischen Volkes ist. Das Gesetz verankert im Grundgesetz die Symbole des Staates Israel, die Flagge und »Hatikva« als Nationalhymne, die Gültigkeit des hebräischen Kalenders, die nationalen Feiertage und Hebräisch als Amtssprache. Arabisch hat diesen Status nicht mehr, sondern ist »eine Sprache mit Sonderstatus«. Außerdem wird erklärt, dass »das ganze und vereinigte« Jerusalem die Hauptstadt Israels sei.

Zwei Dinge fallen durch das Fehlen in diesem Grundgesetz auf: Es wird nicht erwähnt, dass Israel ein demokratischer Staat ist oder ein Staat, der allen seinen Bürgern Gleichheit gewährt.

Als die Knesset dieses Grundgesetz verabschiedete, demonstrierten Massen von Minderheitsangehörigen dagegen, darunter Drusen, die von Anbeginn in der israelischen Armee gedient haben. Hochrangige Offiziere, darunter ein General, stachen in ihren Uniformen zwischen den Demonstranten hervor.

Die starke Opposition gegen das Gesetz, einschließlich der Verbitterung der Minderheiten, hatte keinerlei Auswirkungen auf die Regierung.

Am 2. November 2023 wurde während der Kämpfe gegen die Hamas nach deren Angriff am 7. Oktober Oberstleutnant Salman Habka, ein bekannter Kommandeur eines Kampfbataillons, in der Nähe von Gaza-Stadt getötet. Er war ein großer israelischer Patriot, aber kein Jude. Er war Druse. Nach seiner Beisetzung sagte sein Vater den Medien: »Ich war immer ein israelischer Patriot, und trotz all des schrecklichen Schmerzes und der Trauer über den Tod meines Sohnes bin ich stolz darauf, dass er unser Heimatland geliebt hat.« Allerdings fügte der trauernde Vater in ausgezeichnetem Hebräisch hinzu: »Bei all dem großen Patriotismus meines Sohnes hat er sich nie von dem stechenden Schmerz erholt, den das Nationalstaatsgesetz ihm und uns allen bereitet.«

Fünf Tage nach der Vereidigung von Netanjahus Regierung im Jahr 2023 kündigte Justizminister Jariv Levin die Justizrevolution an. Dies geschah selbstverständlich unter Netanjahus Führung. Er betonte immer wieder, dass dies umgehend geschehen werde. Nicht schrittweise, sondern sofort! Einer seiner Regierungspartner warnte ihn vor solcher Eile.

Von Januar bis Oktober 2023 gingen die riesigen Demonstrationen gegen die Pläne der Regierung zur Abschaffung der Demokratie weiter, ohne dass eine der Parteien, weder die Regierung noch die Protestbewegungen, Schwäche oder Müdigkeit zeigte. Das Tempo der revolutionären Aktivitäten der Regierung verlangsamte sich, aber es war nur ein taktischer Schachzug. Die Regierung und ihre Unterstützer gingen davon aus, dass die Demonstranten irgendwann aufgeben würden, ihr Einfluss schrumpfen und die natürliche menschliche Tendenz zu Ruhe und Alltagsroutine sie überwältigen würde. Sie dachten, die

Regierung habe Zeit zum Durchatmen. Sie wurde für vier Jahre gewählt und ist erst in ihrem ersten Jahr. Mit ein wenig Geduld wird die Verfassungsrevolution alle ihre Ziele erreichen. Dann werden auch die nächsten Wahlen keine Sorgen mehr bereiten. Die neue Verfassungslage wird ihr bei jeder Wahl einen großen Sieg garantieren. Zumindest wie in Ungarn.

Und nicht nur die öffentliche Begeisterung werde nachlassen, vermuteten die Rechtsextremisten, auch der internationale Druck werde schwinden. Letztlich erntete die Regierung zwar von Anfang an internationale Kritik, insbesondere durch den amerikanischen Präsidenten Joe Biden, doch schadete dies nicht ernsthaft. Selbst die Börsen litten nicht darunter. Auch die israelische Währung blieb stabil. Es wurde zwar viel über die Abschwächung ausländischer Investitionen in die israelische Wirtschaft geredet. Die Hightech-Industrie, die sich in jüngster Zeit zu einer tragenden Säule der modernen israelischen Wirtschaft entwickelt hat und deren internationale Wirtschaftsbeziehungen wurden nur geringfügig beeinträchtigt. Das bedeutet aber nicht, dass die Atmosphäre in der Branche keine Sorgen bereitete. Und obwohl sich Konjunkturschwankungen bekanntermaßen nur allmählich zeigen, war ein Rückgang der ausländischen Investitionen in der Branche sehr schnell zu spüren.

Nichts davon kümmerte die Netanjahu-Regierung. Selbst die Weigerung des amerikanischen Präsidenten, mit Netanjahu zu sprechen, so unangenehm das auch war, bereitete ihm keine wirklichen Sorgen. Man brauche ein wenig Geduld, hieß es von rechts, und alles wird schon klappen. Sind die Meinungsumfragen derzeit nicht gut? Sind sie sogar beunruhigend? Nicht schlimm. Die Lage wird sich bessern, und alle rechten Wähler werden »nach Hause zurückkehren«. Schließlich sind es noch mehr als drei Jahre bis zu den Wahlen, und bis dahin wird die Koalition bestehen. Schließlich hat keine der Koalitionsparteien eine Regierungsalternative. Gerade die Schwäche der Koalition, die aus nur 64 der 120 Mitglieder der Knesset besteht, ist der Leim, der sie zusammenhält.

16.
Der 7. Oktober 2023

Dann brach in die angeblich friedliche israelische Welt der Morgen des 7. Oktober ein. Etwa 3.000 Hamas-Mitglieder durchbrachen die hochentwickelten Barrieren, deren Bau Israel rund eine Milliarde Euro gekostet hatte, und stürmten aus dem Gaza-Streifen in alle 24 israelischen Siedlungen entlang der Grenze. Sie eroberten fast kampflos die Siedlungen, die als wesentliche Verteidigungsgrenze des Staates Israel galten. Siedlungen, in denen etwa 70.000 Personen lebten, die ein Leben voller wirtschaftlicher Kreativität und vor allem einer blühenden und profitablen Landwirtschaft führten. Wie haben es ein paar Tausend »primitive« Kämpfer ohne Luftwaffe, ohne Panzer und ohne moderne Technik geschafft, den von der israelischen Armee geschützten elektronischen Verteidigungszaun niederzureißen? Wie gelang es ihnen, die israelische Armee mit der fortschrittlichsten Ausrüstung der Welt zu eliminieren? Wie erlangten diese »Landstreicher« innerhalb weniger Stunden die Kontrolle über den gesamten israelischen Raum entlang des Gaza-Streifens? Wie gelang es ihnen, alle israelischen Siedlungen im Sturm zu erobern?

Die Antwort auf diese Frage ist noch erstaunlicher als die Frage selbst: Die Eindringlinge stießen auf kein Hindernis, weder ein menschliches noch ein technisches! Sie durchbrachen die hochmodernen Anlagen mit einem veralteten Bulldozer. Es wurde kein Alarm ausgelöst, und kein israelischer Soldat war in der Gegend.

Es sind genau fünfzig Jahre vergangen, seitdem die Ägypter Israel in einem Krieg, der in Israel als Jom-Kippur-Krieg und in Ägypten als Oktoberkrieg bekannt ist, völlig überraschend angriffen. Schon damals wurde Israel von der Wucht der Überraschung getroffen. Und es war nicht nur die Überraschung, die die Regierung von Golda Meir und Mosche Dajan in Erstaunen versetzte: Die beiden »wussten«, dass es für Ägypten mit oder ohne Widerstand der Sicherheitskräfte absolut unmöglich sei, den Suez-Kanal zu überqueren, um Israel anzugreifen. Denn entlang des östlichen Ufers des Kanals, also im Bereich der israelischen Kontrolle, wurde – wie eingangs erwähnt – eine Treibstoffleitung gelegt, die dazu dienen sollte, den gesamten Kanal in Brand zu setzen und mit Feuer zu bedecken, sobald die Ägypter den Versuch unternehmen sollten, den Kanal zu überqueren. Die Ägypter rückten vor, und es brach kein Feuer aus. Israel, das sich selbst vertraut, Israel, das den Feind verachtet und ihn geringschätzt, schlief den Schlaf der Gerechten. Der Großteil der an der ägyptischen Grenze stationierten israelischen Armee war damals anlässlich des Feiertags im Urlaub, zu Hause.

Hatte das Volk Israel am 7. Oktober 2023 auch einen Feiertag? Ja, es war Simchat Tora. Doch dieses Mal war das nicht der Grund für die Abwesenheit der Armee entlang der Grenze zum Gaza-Streifen. Selbst vor dem Feiertag und unabhängig davon war dort keine israelische Armee, die da hätte sein sollen. Wie bekannt, ist diese Armee in normalen Zeiten nicht übergroß. In Zeiten der Gefahr werden die Reservisten, ehemalige Soldaten, einberufen und füllen die Reihen auf. Wobei etwa ein Drittel der israelischen Bürger von vornherein vom Militärdienst befreit ist: die arabischen Bürger und die als »Haredim« bekannten Ultraorthodoxen, und nicht nur sie. Beispielsweise diente der Polizeiminister (Minister der »Nationalen Sicherheit«) Itamar Ben Gvir, der rechtsextreme religiöse Nationalist, überhaupt nicht in der Armee.

Aber auch die reguläre Armee, die hauptsächlich aus Wehrpflichtigen besteht, hatte sich am 7. Oktober 2023 nicht in der Nähe des Gaza-Streifens befunden. Der Großteil davon, etwa 35 Regimente, war auf der besetzten Westbank stationiert, die in Israel als »Judäa und Samaria« bekannt ist. So lauten die biblischen Namen dieser Gebiete. In diesem Gebiet, das seit 1967 von Israel besetzt wird, leben fast drei Millionen Palästinenser. In der aktuellen Regierung wird die Westbank von Finanzminister Bezalel Smotrich, Vorsitzender einer der beiden ultrarechten Parteien, der auch als Co-Verteidigungsminister fungiert, verwaltet. Ohne ihn gäbe es die gänzlich rechte Netanjahu-Regierung nicht.

Bekanntlich liegt das Ziel der israelischen Rechten darin, die gesamte Westbank zu annektieren. Bis dahin schützt Smotrich mithilfe der Armee die extremistischen Siedler, die die arabischen Bewohner schikanieren, um ihnen das Leben schwer zu machen und sie so aus dem Gebiet zu vertreiben.

Die israelischen Streitkräfte, jedenfalls die meisten ihrer Bodentruppen, befinden sich in der Position einer Besatzungspolizei, die die Siedler schützt und unterstützt. Oft wurde die Frage gestellt, inwieweit diese Armee für den Krieg gegen eine echte Armee gewappnet ist. Die Antwort bleibt unbekannt. Denn am 7. Oktober wurde die israelische Armee nicht von einer modernen Armee angegriffen, die von einer Luftwaffe und Panzern unterstützt wird. Sie wurde von mehreren Tausend Kämpfern (Terroristen) angegriffen, die die Grenze mit Toyota-Pick-up-Trucks, Motorrädern und E-Bikes überquerten, einige trugen Sandalen. Ohne große Anstrengung überquerten sie um 6:30 Uhr morgens die Grenze, die mit den fortschrittlichsten elektronischen Mitteln der Welt gesichert sein sollte. Darüber hinaus sollte der Zaun zu jeder Tageszeit von israelischen Streitkräften überwacht werden.

Zwölf Durchbrüche wurden von den Angreifern mittels normaler Bulldozer in diesen Zaun gestoßen. Die Soldaten, die den Zaun hätten schützen sollen, waren einfach nicht da. Bekanntlich wurden die meisten von ihnen in die Westbank verlegt. Doch wie konnte dieser mächtige »undurchdringliche« Zaun, der rund eine Milliarde Euro gekostet hatte, auch ohne schützende Soldaten zum Einsturz gebracht werden?

Das französische Sprichwort sagt dazu: »Tout ce que l'homme peut faire, l'homme peut defaire.« Alles, was der Mensch erschaffen kann, kann er auch zerstören.

Aber wo war der größte Teil der Armee, die diesen kostbaren Zaun verteidigen sollte? Bereits 2014 beschloss die von Netanjahu geführte Regierung, die Verteidigungskräfte der Orte des »Gaza-Gürtels« zu reduzieren. Es handelt sich um etwa 54 Orte, in denen wie bereits erwähnt etwa 70.000 Einwohner lebten. Eine Region von strategischer Bedeutung, die für die Verteidigung des Landes unerlässlich ist. Vielleicht der sensibelste Bereich für die Verteidigung des Staates Israel im Allgemeinen. Die Person, die die Regierung die meiste Zeit von 1996 bis heute führt, Benjamin Netanjahu, hat sie kaum besucht. Er verdächtigte die Bewohner dort, zumeist nicht die rechten Parteien zu wählen! Und nicht nur, dass er den Gaza-Gürtel überhaupt nicht kannte. Er schwächte ihn auch schrittweise und geplant. Im Jahr 2014 kürzte seine Regierung die Gehälter der Sicherheitskoordinatoren der Gürtelsiedlungen, reduzierte ihre Benzingutscheine, entzog ihnen gepanzerte Fahrzeuge, verminderte die Zahl ihrer Waffen und verringerte die Bereitschaftseinheiten. Dadurch wurde die Fähigkeit, sich zu Beginn des Amoklaufs der Hamas zu verteidigen, erheblich beeinträchtigt.

Das heißt, dass die Siedlungen trotz des Erstaunens und des Entsetzens aus politischen Gründen aufgegeben wurden! Man hat sie einfach für nicht wichtig befunden. Es wurde vermutet, dass sie überwiegend nicht dem richtigen Parteilager entstammten.

Jeder weiß, dass der Angriff der Hamas ganz Israel völlig überrascht hat. Warum? Wie konnte das passieren?

Der Überraschungsangriff war das Ergebnis einer langen Reihe von Versäumnissen: völlige Geheimdienstblindheit, ein durchbrochenes Verteidigungssystem und Selbstzufriedenheit, die aus der systematischen Schwächung der Sicherheitsbehörden in der gesamten Region über etwa neun Jahre resultierte. Es ist auch das Ergebnis der israelischen Sucht nach dem Gefühl militärischer, geheimdienstlicher und technologischer Überlegenheit. All dies führte unter anderem zu einer grundsätzlich falschen Interpretation der Absichten der Hamas.

Während der Kämpfe wurde eine kleine Broschüre auf Arabisch gefunden. Die Broschüre wurde in der Nähe des Zauns eines Kibbuz namens Mefalsim gefunden, einer der wenigen Siedlungen im Gaza-Gürtel, die die Angreifer nicht durchbrechen konnten. In einem blutigen Kampf gelang es den wenigen Verteidigern der Siedlung, die Eindringlinge abzuwehren. Unter den Leichen, die diese zurückließen, befand sich auch die kleine Broschüre. Darin befand sich auch der Befehl, die Siedlung Mefalsim anzugreifen. Das Dokument wurde im Juni 2023 gedruckt und trug eine Beschriftung in Großbuchstaben: STRENG GEHEIM. Der Anhang beschreibt detailliert den Angriffsplan für den Kibbuz Mefalsim. Es fehlte nur ein Detail: das Datum des Angriffs. Dem Dokument zufolge bestand die zentrale Einheit aus elf Personen, zu denen noch ein Navigator und ein Maschinengewehrschütze hinzukamen. Ziel der Truppe sei es, laut Broschüre, sich dem »Abu Safiya«-Tor im Zaun zu nähern, das zuvor durchbrochen werden sollte. Von dort aus wurde die Einheit angewiesen, in südwestlicher Richtung des Zauns bis zu der Ecke, die dem Gaza-Streifen am nächsten liegt, vorzurücken. Zu diesem Zeitpunkt, heißt es in der Broschüre, sollte eine andere Einheit auf der Straße vorrücken, um das Eintreffen von israelischer Verstärkung zu verhindern. Die zweite Truppe erhielt den Befehl, sich dem Kibbuz zu nähern und ein Loch in den

Zaun zu reißen. Danach heißt es im Befehl: »Der Kibbuz muss übernommen und die Zivilisten als Geiseln genommen werden.« Interessant ist, dass dieser schriftliche Befehl auch den Einsatz israelischer Streitkräfte vor Ort detailliert beschreibt. Unter der Überschrift »Feind« steht, dass sich in der Siedlung tausend Zivilisten und etwa zwanzig Mitglieder des Bereitschaftskommandos der Anwohner sowie weitere 27 Infanteriekämpfer befinden. Der Befehl legt auch fest, welche israelischen Streitkräfte normalerweise in der Nähe sein sollten. Dazu gehören laut Hamas-Befehl drei bis fünf Jeeps im Kibbuz Nahal Oz, eine relativ kurze Autofahrt entfernt, und weitere zwei oder drei Jeeps »in der unmittelbaren Umgebung«, in der Sprache des Dokuments als »Punkt 16« bekannt. Das Papier beschreibt auch, wo sich in größerer Entfernung weitere israelische Militäreinheiten befinden, darunter sechs Panzer. Dem Befehl waren auch Anhänge mit Luftaufnahmen des Gebiets beigefügt.

Aus dem Dokument geht klar hervor, dass die Hamas viel Zeit und Mühe in die Informationsbeschaffung und die Planung des Einbruchs investiert hatte. Das Merkwürdige ist, dass Hamas-Mitglieder es schon lange vor dem Angriff wagten, das Dokument auszudrucken und damit seine Vertraulichkeit zu gefährden. Es ist auch klar, dass die Hamas über ähnliche Dokumente wie dieses Dokument für alle Bereiche des geplanten Angriffs verfügte, auch wenn nur diese Broschüre in die Hände der israelischen Streitkräfte fiel. Das Schreckliche ist, dass zu keinem Zeitpunkt eine Warnleuchte bei den Sicherheitsbehörden anging. Nicht dort und auch nicht an einem der vielen Angriffspunkte im Gaza-Streifen und im Süden.

Es besteht kein Zweifel daran, dass die oberste Führung des Staates Israel, angefangen beim Premierminister, über die Armee und den gesamten israelischen Geheimdienst, einschließlich des für die an den Gaza-Streifen angrenzenden Gebiete zuständigen Kommandos, phänomenal versagt hat. Ein beispielloses Versagen, ein monströses Versagen. Die 1.200 ermordeten Zivilisten (darunter Dutzende Landarbeiter aus Thailand), Tausende Verletzte und 240 Entführte, darunter Frauen, Alte, Kinder, Babys, darunter auch einige, die noch gestillt werden, schockierten das israelische Volk auf beispiellose Weise. Ein Schock, der das israelische Volk sicherlich noch viele Jahre begleiten wird.

War die israelische Blindheit ein seltsamer Schicksalsschlag, der wie ein Blitz aus heiterem Himmel über Israel hereinbrach?

Im September 2010 veröffentlichte die französische Monatszeitschrift *Le Monde Diplomatique* eine Untersuchung zu einer der geheimen Einrichtungen der israelischen Armee. Die Herausgeber der Monatszeitschrift berichteten, dass »dies eine der größten Abhörbasen der Welt ist«. Sie erläuterten detailliert die Größe, die Fähigkeit zur Informationsbeschaffung sowie die Bedeutung und Geheimhaltung einer der Stützpunkte der verantwortlichen Einheit namens »8200«. Ihre Basis liegt, wie im Artikel beschrieben, in der Nähe des Kibbuz Urim im Süden. Von hier aus belauschen die Israelis die Palästinenser, ihre Versuche und ihre Pläne, Israel zu schaden.

Die Einheit 8200 verfügt über viele Fähigkeiten und nachgewiesene Erfolge. Aber in ihrem als »Yarkon« bekannten Stützpunkt in der Nähe des Kibbuz Urim nahe dem Gaza-Streifen gelang es ihnen nicht, den gewagtesten und gefährlichsten Plan der Hamas-Kämpfer aufzudecken, auf den sie eigentlich ausgerichtet sein sollte: den Plan, den Yarkon-Stützpunkt selbst zu infiltrieren! In ihn einzudringen, das gesamte Personal zu töten und Geheimdienstmaterialien sowie wichtige Geräte mitzunehmen.

Einer der hochrangigen israelischen Generäle, inzwischen im Ruhestand, der Kommandeur des Südkommandos, also des gesamten Südens des Landes einschließlich des Gaza-Streifens, der nicht namentlich genannt werden wollte, sagte im Freundeskreis: »Wir hatten Hamas-Szenarien, wie die Überquerung des Zauns und das Betreten unseres Territoriums, sei es auf dem Boden oder unter ihm, um Personen zu entführen und zu töten. Aber niemand hat sich etwas Ähnliches vorstellen können, was beim Angriff am 7. Oktober geschah. Sicherlich nicht das Erbeuten von Material, das weitreichende Informationen über uns enthielt.«

Am Morgen des 7. Oktober überfielen Dutzende Gruppen der Eliteeinheit der Hamas verschiedene Ziele im Süden Israels. Jede Gruppe verfügte über umfassende geheimdienstliche Informationen, Karten, Fahrzeuge (überwiegend Toyota-Pick-up-Trucks), Funkgeräte und Waffen. Alles war vorbereitet. Und natürlich gab es die Einteilung in die vorgegebenen Ziele: Wer die Kibbuzim, wer die Städte und wer die Militärbasen angreift. Eine Gruppe von zehn Motorrädern drang tief in den Süden vor, erreichte den Stützpunkt Yarkon und stürmte ihn. Die Angreifer zeichneten den Überfall mit ihren Kameras auf. Man sieht, wie sie den Bereich der Basis erreichen. Daraus wird deutlich, wie tiefgreifend ihre Geheimdienstbeschaffung war: Die Angreifer wussten genau, wie sie von mehreren Stützpunkten in dem Komplex den geheimen Stützpunkt auswählen konnten. Sie navigierten durch einen Hain und erreichten das Hintertor der Basis, an dem sich niemand befand. Sie sprengten es, drangen hinein und eröffneten das Feuer auf die überraschten Soldaten. Sie schritten, ohne zu zögern, weiter in Richtung des Bunkers der Basis. Ihr Wissen war beeindruckend und überraschend. Einer der Angreifer zückte ein Luftbild der Basis mit Erkennungsmarkierungen, zeigte es dem Kommandanten, und die Gruppe rückte weiter zum Bunker vor. Laut Experten, die das Video untersucht haben, handelt es sich um ein ziviles Satellitenfoto, das nicht besonders schwer zu beschaffen ist. Man muss nur wissen, wie man es entziffert und mit anderen Quellen vergleicht, um die Strukturen auf dem Foto zu verstehen.

Die Angreifer drangen in den Bunker ein, warfen Granaten hinein und erschossen die darin befindlichen Soldaten. Anschließend stellten sie sicher, dass keiner der Soldaten am Leben blieb. Dann näherten sie sich offenbar ihrer Hauptaufgabe: dem Versuch, nachrichtendienstliche Informationen von Computern und Systemen zu extrahieren. Zu diesem Zweck waren sie mit verschiedenen technologischen Mitteln ausgestattet. Doch gerade als sie versuchten, ihre Geräte mit denen vor Ort zu verbinden, waren von außen Schüsse zu hören. Die Eindringlinge kamen heraus und trafen auf die Streitkräfte der israelischen Armee. Eine Mannschaft aus einer anderen Basis namens Tze'elim traf unerwartet im Yarkon-Stützpunkt ein und schaffte es, dank der Tatsache, dass sie die Eindringlinge überraschte, die meisten von ihnen zu töten. Ihnen folgte kurz danach eine Anti-Terror-Einheit, die alle anderen tötete.

Beim Ansehen des Videos scheint es, dass es den israelischen Streitkräften in letzter Minute gelungen war, die Informationsweitergabe zu verhindern. Die Hamas-Mitglieder sollten mit den erbeuteten Mitteln sofort zum Gaza-Streifen zurückkehren, wurden aber, wie bereits erwähnt, erschossen, bevor es ihnen gelungen war, dies zu tun. Es war ein außerordentlicher Glücksfall. Fast ein Wunder. Und wie bekannt, sind Glücksfälle und Wunder kein vertrauenswürdiger Arbeits- oder Verteidigungsplan.

Und das war nicht der einzige Glücksfall, der einigen der israelischen Streitkräfte in der Kette tödlicher Schläge, die sie erlitten, zugutekam. Eine Division namens »Gaza-Division« wurde an ihrem Stützpunkt angegriffen. Als ihre erschöpften Soldaten an der Tür des Hauptquartiers ihres Kommandanten vorbeikamen, bemerkten sie etwas Seltsames: Die Angreifer wussten, wie sie zum Büro des Kommandanten gelangen konnten. Sie feuerten von drei genauen Standorten aus drei Salven auf die Tür, als ob sie die Aufteilung des Raumes kennen würden und wüssten, wo der Kommandant saß. Aber dieser befand sich nicht in seinem Hauptquartier. Er befand sich zu diesem Zeitpunkt auf einer ungeplanten Tour durch die Gegend. Aus diesem sehr präzisen Angriff geht jedoch klar hervor, dass die Angreifer auch genaue Informationen über die Kommandozentrale der gesamten Grenzregion zum Gaza-Streifen hatten.

Es besteht kein Zweifel daran, dass die oberste Führung des Staates Israel, angefangen beim Premierminister, über das gesamte Oberkommando aller Militärzweige, die gesamte Geheimdienstgemeinschaft und bis hin zum Kommando der gesamten Grenzregion zum Gaza-Streifen, alle in Dimensionen jenseits aller Vorstellungskraft gescheitert sind. Israel beklagte an einem Tag etwa 1.200 Tote, die große Mehrheit davon Zivilisten jedes Alters, etwa 5.000 Verletzte, Hunderte von Entführten und Vermissten. Und diejenigen, Zehntausende, denen es gelang, der Katastrophe zu entkommen und zu fliehen, verloren Teile ihrer Familien, verloren ihr Zuhause und Eigentum und wurden zu mittellosen Flüchtlingen in ihrem eigenen Land.

Alles, was passiert ist, war so unvorstellbar, dass selbst diejenigen, die sich nicht mit diesem Thema befassen, es kaum verstehen können.

Der Erfolg des Überraschungsangriffs der Hamas war das Ergebnis einer langen Reihe des Versagens: völlige Geheimdienstblindheit, ein stark durchbrochenes Verteidigungssystem und Selbstgefälligkeit des gesamten Apparats. Es war auch das Ergebnis einer nicht neuen israelischen Sucht nach dem Gefühl militärischer, geheimdienstlicher und technologischer Überlegenheit und einer grundlegend falschen Interpretation der Absichten des Feindes. Ein unverzeihliches Verbrechen? Natürlich. Aber wie soll man es nennen, wenn man bedenkt, dass dies nicht das erste Mal war, dass der Staat Israel dieses Verbrechen beging? Dabei hatte das System bereits vor fünfzig Jahren das gleiche Verbrechen begangen! Und nicht, dass das Trauma von 1973 seitdem vergessen worden wäre!

Derjenige, der 2005 Ministerpräsident Israels war, beschloss überraschend, den Gaza-Streifen zu evakuieren.

General Ariel Scharon, der Premierminister, kannte den Gaza-Streifen ausgezeichnet. Während seines Lebens in der Armee war er teilweise für eine Zeit lang Militärgouverneur des Gaza-Streifens. Als er Premierminister war, verkündete er willkürlich, dass er beabsichtige, den Gaza-Streifen zu räumen. Viele glaubten damals, dass dies der erste Schritt zur Räumung aller von Israel gehaltenen palästinensischen Gebiete sei. Mit anderen Worten: Die Evakuierung des Gaza-Streifens sei der erste Schritt, gefolgt von der Evakuierung der Westbank (Judäa und Samaria), wo die autonome Fatah-Regierung von Jassir Arafat und seinen Nachfolgern bereits tätig war. Wer im Gegensatz zu den meisten Israelis einen scharfen Blick hatte, hätte sich fragen sollen, ob er Premierminister Scharons Idee wirklich verstanden hat. Denn dieser übertrug die Macht im Gaza-Streifen nicht ordnungsgemäß an die Palästinensische Autonomiebehörde. Er übertrug die Macht im Gaza-Streifen überhaupt niemandem. Er ist einfach von dort verschwunden.

Der Grund für die Räumung des Gaza-Streifens durch die israelische Regierung war nicht der Absicht geschuldet, damit den Beginn der Räumung der besetzten Gebiete einzuleiten, schon gar nicht dem Plan, die Entwicklung eines echten palästinensischen Staates, eines Partners an der Seite Israels, zu ermöglichen. Im Gegenteil: Scharon wollte den Einfluss und die Herrschaft Israels in der Westbank (Judäa und Samaria) intensivieren und war der Meinung, dass das Gewicht der Herrschaft über beide palästinensische Gebiete, die Westbank und den Gaza-Streifen, zu schwer für Israel sei. Er verhielt sich wie ein Schiffskapitän, der glaubte, dass er Überladung an Bord hatte, die zu schwer für das Schiff sei und es versenken könnte. Einen Teil der Ladung warf er einfach ins Meer.

Scharon verschwand zu früh von der politischen Bühne, als dass seine wahren Absichten ans Licht gekommen wären. Sein Nachfolger, Ehud Olmert, setzte die angenommene Politik Scharons fort und führte echte Verhandlungen mit Arafats Nachfolger, dem Führer der Palästinensischen Autonomiebehörde, Mahmoud Abbas (bekannt als Abu Mazen). Es schien allen, dass Premierminister Olmert ehrlich die Gründung eines unabhängigen palästinensischen Staates vorantreibt. Olmert wurde jedoch in Korruptionsmachenschaften verwickelt (wenn auch geringfügiger im Vergleich zu denen, die Netanjahu heute vorgeworfen werden), trat zurück und landete im Gefängnis. Sein Nachfolger wurde 2009 Netanjahu, der bis heute an der Macht ist, die Verhandlungen mit Mahmoud Abbas scheiterten.

Scharons eigentliche Politik, die mit der Evakuierung des Gaza-Streifens begann, ruhte auf drei Säulen:

1. Die israelische Erfindung und Entwicklung des »Iron Dome«, des nahezu perfekten Systems zur Raketenabwehr;
2. Geheimdienstüberlegenheit;
3. Befestigung der Grenzlinie.

Die letzten beiden Säulen stürzten bekanntlich am 7. Oktober wie ein Kartenhaus zusammen.

Eines der Hauptelemente, das Israels Verteidigungskonzept gegen den Gaza-Streifen prägte, war das »Hindernis«. Der Staat investierte rund eine Milliarde Euro in den Bau des Projekts: eine massive Mauer, die sowohl ober- als auch unterirdisch verlief, um die Tunnel, die die Hamas ständig baute, zu blockieren. Tunnel, die sich in Zeiten blutiger Attentate zwischen der Hamas im Gaza-Streifen und Israel als tödlich erwiesen.

Bei der Abschlusszeremonie des Mauerbaus, der etwa drei Jahre dauerte, sagte der Verteidigungsminister: »Dieses Hindernis (die Mauer) ist ein Beispiel für die Vision und Kreativität des Verteidigungsestablishments.«

Doch das Projekt, dessen Bau im Januar 2021 abgeschlossen wurde, stellte sich als wackelige Stütze heraus. Heute wissen wir, dass es genau die Fertigstellung der Barriere war, die die Hamas dazu veranlasste, die Tunnel teilweise aufzugeben und einen neuen Angriffsansatz zu verfolgen. Ein Ansatz, der sich als sehr effektiv erwies. Darüber hinaus steigerten die bloße Existenz des Hindernisses vor Ort und die wiederholten Ankündigungen seiner wundersamen Fähigkeiten die Unbekümmertheit Israels, auch in der Armee.

Die israelische Verteidigungsmethode vor der Grenze zum Gaza-Streifen veränderte sich nach Abschluss des Baus der Barriere stark. Die Verteidigung wurde lascher. Sie verließ sich hauptsächlich auf Grenzanlagen. Es besteht kein Zweifel daran, dass die Verteidigung ab dem Zeitpunkt der Fertigstellung der Barriere im Vergleich zu dem, was vorher üblich war, stärker geschwächt wurde, als dies bereits im Jahr 2014 der Fall war. Aus diesem Grund stießen die Angreifer der Hamas am 7. Oktober kaum auf Widerstand. Es versteht sich von selbst, dass sogar Beamte der israelischen Armee, die die Gegend bestens kannten, überrascht waren, dass die israelischen Verteidigungsanlagen so leicht durchbrochen werden konnten. Es herrschte totales Erstaunen.

Man sollte wissen: Mit der Errichtung des Verteidigungssystems, zu dem die Mauer gehörte, verlegte die Armee seit 2014 weitere Einheiten ihrer geschwächten Streitkräfte in die Westbank. Einige von ihnen werden dort, zusammen mit den bereits zuvor stationierten Einheiten, noch immer als Kräfte zur Aufrechterhaltung der Besatzung eingesetzt. Eines stimmt jedoch: Für die Spitze der Armee schien die Reduzierung der Kräfte entlang des Gaza-Streifens logisch. Denn der Bau der Mauer und die Atmosphäre, die sie geschaffen hatte, vermittelten das Gefühl, dass sie unverwundbar und unbesiegbar sei. Dass es sich um ein Hindernis handelt, das niemand überwinden kann und das eine zusätzliche Wachsamkeit überflüssig macht.

Die oben genannten Gefühle senkten die Wachsamkeit der Kommandeure und Soldaten und führten zu einer Lockerung der Disziplin.

Nur wenige, insbesondere im Finanzministerium, äußerten Zweifel an der Beschaffenheit der Mauer. Aber ihnen wurden natürlich sofort die Sorge über die hohen Kosten des Hindernisses unterstellt und kein echtes Interesse an der Sicherheit. Und das, obwohl es auch Stimmen gab, die das Projekt als »eine müßige Operation zur Beruhigung des Gewissens« bezeichneten.

Es muss jedoch betont werden, dass die Befürworter der Maueridee und ihre Erbauer nicht leichtfertig waren: Die Anlage wurde mit einer Vielzahl von Beobachtungs- und technischen Maßnahmen abgedeckt, um zu verhindern, dass sie durchbrochen wird oder gar eine Annäherung möglich ist. Dazu gehörten hochentwickelte Kameras, Beobachtungsballons und Geräte verschiedener Art, die Alarm schlagen können, einschließlich solcher, die aus der Ferne aktiviert werden und in der Lage sind, Verdächtige, die sich dem Zaun nähern, aus der Ferne anzugreifen. Das Militär ging davon aus, dass die rund um die Barriere eingesetzten technischen Mittel ausreichen würden, um Hamas-Angriffe abzuwehren, ohne dass große Streitkräfte im Grenzgebiet selbst eingesetzt werden müssten.

Der Hamas-Angriff brachte die Fragilität der Technologien zutage, die den Bedarf an Menschen weitgehend ersetzen sollten. Die Hamas aktivierte wiederholt Sprengdrohnen, die die Mobilfunkantennen, Kameras und Schusssysteme trafen und die meisten davon außer Gefecht setzten. Die Hamas behauptete, am Eröffnungsangriff seien 35 Drohnen beteiligt gewesen. Viele von ihnen sollten an den Beobachtungseinrichtungen der Verteidigungssysteme explodieren oder Sprengstoff abwerfen.

Eine der Aufklärerinnen, die es geschafft hatten, lebend aus dem Inferno herauszukommen, berichtete bei ihrer Rückkehr: »Wir haben alle nach besten Kräften gekämpft, aber trotz allem, was wir von den zunehmenden Kriegsvorbereitungen der Bewohner des Gaza-Streifens mit unseren eigenen Augen gesehen haben, wurden wir überrascht. Darauf waren wir nicht vorbereitet. Schließlich stießen alle unsere Warnungen auf völlige Gleichgültigkeit, so schien es uns zumindest. Also dachten wir, dass wir die Realität einfach nicht verstehen. Dass wir die Tatsachen nicht richtig sehen oder interpretieren.« Darüber hinaus sagte sie: »Wir waren der Ansicht, dass unsere Vorgesetzten gut darin seien, das, was wir gesehen und gehört haben, richtig zu interpretieren. Darüber hinaus waren dies die Tage des Sukkot-Festes, und drei Viertel der Offiziere unserer Streitkräfte waren zu Hause im Urlaub.«

Ein weiteres Ereignis, das den Angreifern half, war die Stilllegung der drei Aufklärungsballons, die regelmäßig vor dem Gaza-Streifen in der Luft schwebten. Diese Ballons sollten die israelischen Streitkräfte regelmäßig über das Geschehen auf palästinensischer Seite entlang der Grenze informieren. In der Regel lieferten die Ballons aktuelle Informationen, die den nördlichen, zentralen und südlichen Teil des Streifens abdeckten, also das gesamte Gebiet entlang der Grenze zwischen Israel und dem Gaza-Streifen. Doch in den Wochen vor dem Anschlag fielen die drei Ballons nacheinander aus. Die Aufklärerinnen meldeten dies sofort und erhielten keinerlei Reaktion. Offenbar hätte sich niemand vorstellen können, dass das Versagen der Ballons von der Hamas verursacht wurde. Doch die Ballons wurden nicht nur nicht repariert, sondern auch die innigste Bitte der Aufklärerinnen nach zusätzlichen Kräften oder alternativen technischen Mitteln wurde nicht befolgt. Die einzige Antwort, die die Aufklärerinnen erhielten, war, dass ein Techniker nach den Feiertagen kommen würde, um das Problem zu überprüfen.

Das Ergebnis all dessen war eine fast völlige Blindheit während des Angriffs. Die während des Angriffs von der Front an das Kommando übermittelten Nachrichten waren mangelhaft.

Die Terroristen hingegen wussten bei ihrer Invasion, dass sie genau an den Ort gehen mussten, an dem sich die

Elektro- und Kommunikationskabel als auch Antennen befanden, und durchtrennten oder verbrannten diese.

Die ausgelösten Alarme hatten nicht zur Folge, dass sofort Verstärkung aktiviert wurde. Dies liegt an einem Fehler, der weniger technologischer, sondern eher logistischer Natur ist. Eine der »Korrektur«-Entscheidungen der letzten Jahre war folgende: Im Falle einer Infiltration sollte der Kampf zumindest zu Beginn vom Hauptquartier der Gebiete rund um den Gaza-Streifen geführt werden, einem Ort namens Re'im. Die Armee entschied, dass das einzige regionale Hauptquartier der Division im Norden und Süden rund um den Gaza-Streifen ebenfalls im Stützpunkt Re'im angesiedelt werden sollte. Das bedeutete eine geografische Vereinigung der drei Hauptquartiere. Es mag sein, dass es hier um finanzielle Einsparungen ging, aber sicherlich nicht um eine Überlegung, die den Fall eines Kriegs berücksichtigte, denn jedem, der sich die Mühe machte, mehr über die Sicherheit als über wirtschaftliche Belange nachzudenken, war klar, dass ein Feind, der die vereinte Basis von Re'im lahmlegt, die Führung des gesamten Gaza-Gürtels und seiner Umgebung lahmlegen wird.

Und genau das ist passiert.

Das Zentrum des Hauptquartiers der Basis in Re'im war durch gepanzerte Türen blockiert und funktionierte zu Beginn des Angriffs noch eine Weile, jedoch ohne Kommunikationsmittel und ohne Informationen weitergeben zu können. Nachdem die Hauptquartiere tatsächlich nicht mehr existierten, wurden weder Panzer noch Luftunterstützung zur Verstärkung angefordert. Auch im Hinterland, im Oberkommando, war relativ lange nicht klar, was vor sich ging.

Das Konzept, sich auf die Technologie zu stützen, hatte sich als schlecht erwiesen. Es ist einfach zusammengebrochen.

Die vielfältigen Verteidigungsmethoden, die das Armeekommando entlang der Grenze vorgeschlagen hatte, hätten sich möglicherweise als viel wirksamer erwiesen, wenn die Mitglieder der Gaza-Streifen-Einheit vorab eine geheimdienstliche Warnung über die Absichten der Hamas erhalten hätten. Allerdings gaben die israelischen Geheimdienste, das Geheimdienstkorps und der Allgemeine Sicherheitsdienst (der Inlandsgeheimdienst Schin Bet, der weder der Armee noch dem Verteidigungsministerium, sondern dem Büro des Premierministers unterstellt ist), die für den Gaza-Streifen verantwortlich sind, keine dieser Warnungen ab.

Laut einem leitenden Beamten herrschte im Schin Bet das Gefühl, dass die Geheimdienstberichterstattung und die Überwachung der Hamas ihren Höhepunkt erreicht hätten. »Wir dachten, wir wüssten alles über sie«, sagte er nachträglich. Ihm zufolge wusste der Schin Bet zu jedem Zeitpunkt, wo sich die Oberbefehlshaber der Hamas aufhielten, und ihre Beseitigung war nur eine Frage der israelischen Entscheider. Nach Ausbruch der Kämpfe gab der hochrangige Beamte zu, dass er persönlich keine Ahnung davon hatte, dass die Hamas, weder in diesem Ausmaß noch zu einem Zeitpunkt um den 7. Oktober, einen solchen Angriff plante.

In der Nacht von Freitag, dem 6. Oktober, auf Samstag,

den 7. Oktober, erkannte der Schin Bet wenige Stunden vor dem Angriff zwar ungewöhnliche Aktivitäten, jedoch nicht deren Absicht. Allerdings beunruhigten die Anzeichen den Chef des Schin Bet, Ronen Bar. Gegen ein Uhr morgens wurde eine Telefonkonferenz mit dem Chef des Generalstabs der Sicherheitskräfte und anderen hochrangigen Beamten einberufen. Auch danach war der Chef des Schin Bet noch besorgt. Er berief um vier Uhr morgens eine weitere Telefonkonferenz ein. Unmittelbar am Ende dieses Telefongesprächs verließ er Tel Aviv in Richtung Süden und befahl, die Eliteeinheit des Schin Bet dorthin zu schicken. Trotz dieser (späten) Wachsamkeit bereitete der Chef des Schin Bet mit Ausbruch des Krieges sein Rücktrittsschreiben vor.

In seinem Schreiben, das auch an die Mitarbeiter des Schin Bet gerichtet ist, schrieb Ronen Bar: »Leider konnten wir für den 7. Oktober keine ausreichende Warnung vorlegen, um den Angriff vereiteln zu können. Als Person an der Spitze der Organisation liegt die Verantwortung bei mir.« Dennoch ist zu bedenken, dass der Schin Bet zwar die Ernsthaftigkeit der Warnung verfehlte, aber dennoch erkannte, dass etwas passierte und seine Kämpfer der Spezialeinheit in die Gegend entsandte, die vor sieben Uhr am Tatort eintrafen. (Bekanntlich begann der Grenzübertritt der Mitglieder der Hamas nach Israel um 6:30 Uhr.) Somit waren die Kämpfer dieser Einheit die Ersten, die den Hamas-Angreifern begegneten, und einige von ihnen kamen bei den ersten Zusammenstößen ums Leben.

Das Geheimdienstkorps der Armee erlebte ein sogar noch größeres Debakel als der Schin Bet. Dieses Korps genoss wie der Schin Bet ein hohes Ansehen in der Öffentlichkeit und bei den Sicherheitskräften. Und tatsächlich hatte »Aman« (die Aufklärungsabteilung des Korps) im Laufe der Jahre viele glorreiche Erfolge, die ihren guten Namen rechtfertigten. Obwohl es üblich ist zu sagen, dass dieses Korps am Vorabend des Jom-Kippur-Krieges im Jahr 1973 versagt hatte, stimmt dies nicht. Wie ich bereits im Einleitungskapitel berichtete, gab Aman alle relevanten und genauen Informationen an seine Kommandanten und die Spitze der Regierung weiter, diese nahmen sie jedoch nicht ernst. Zwar missachtete auch der Geheimdienstchef die Warnungen seiner Beamten, gab sie dennoch treu an die militärische und politische Spitze weiter.

Was geschah dann mit den Geheimdienstfähigkeiten von Aman? Im Jahr 2018 wurde eine Eliteeinheit (»Sajeret Matkal«, die Generalstabsaufklärungseinheit) entsandt, um heimlich in das geheime Netzwerk der Hamas einzudringen. Die Truppe, die in der Dunkelheit der Nacht vordrang, wurde von Hamas-Mitgliedern entdeckt, als sie in der Stadt Khan Junis operierte. Es kam zu einem Gefecht, bei dem der Kommandeur der israelischen Einheit getötet wurde und seine Kämpfer sich schnell über die Grenze zurückzogen. Auf ihrer Flucht hinterließen sie äußerst sensibles Geheimdienstmaterial, das vollständig in die Hände der Hamas fiel. Das Scheitern dieser Operation im Jahr 2018 gab der Hamas einen unschätzbaren Einblick in die Art und Weise, wie Israel versucht, in das interne Kommunikationsnetzwerk der Organisation einzudringen. Die israelischen Streitkräfte, die sich unter Beschuss hastig zurückzogen, hinterließen ebenfalls klassifizierte erstklassige

Ausrüstung. Teams der Hamas und des Iran analysierten die Beute, die ihnen in die Hände fiel, und lernten daraus viel darüber, wie Israel es schafft, geheime und interne Informationen von ihnen zu erhalten. Heute sind israelische Geheimdienstmitarbeiter davon überzeugt, dass dieselben Informationen, die in die Hände der Hamas gelangten, es ihr fünf Jahre später ermöglichten, Israel anzugreifen und es am Abend des 7. Oktober zu täuschen.

Weitere Beweise dafür, dass Aman den Vorbereitungen der Hamas vor ihrer Invasion im Gaza-Streifen gegenüber blind und taub war, stammen aus den Vereinigten Staaten. Einige Zeit vor dem Anschlag vom 7. Oktober, als Hamas-Mitglieder fieberhaft damit beschäftigt waren, sich auf die Invasion Israels vorzubereiten, traf sich eine Gruppe von Offizieren der Einheit 8200 mit hochrangigen Beamten der entsprechenden amerikanischen Behörde, der NSA, und präsentierte ihnen ein aktuelles Bild der Situation, das sich speziell auf die libanesische Hisbollah konzentrierte. Die Hamas im Gaza-Streifen stuften sie auf der Bedrohungsskala auf einem niedrigen Niveau ein.

Schlimmer noch: Etwa zur gleichen Zeit hörten die Beamten der Einheit 8200 auf, die taktischen Kommunikationsmittel der Hamas, etwa die Walkie-Talkies, zu überwachen. Diese Geräte wurden bei den Leichen von in Israel getöteten Hamas-Mitgliedern gefunden. Sie abzuhören hätte dem israelischen Geheimdienst schon im Vorfeld wertvolle Informationen liefern können.

Die Beamten der Einheit 8200 berichteten im Nachhinein, dass sie nach dem Hamas-Angriff schockiert seien, und gaben zu, dass sie nichts gewusst hatten. Der Chef der

Aman, Generalmajor Aharon Haliva, sagte drei Tage nach Kriegsausbruch, dass er die volle Verantwortung für das Scheitern trage.

Geheimdienstliche Materialbeschaffung besteht nicht nur aus einer ausgeklügelten Überwachung elektronischer Kommunikationsmittel. Sie kann auch viel einfacher sein. Zum Beispiel, sich die Videos, die die Hamas auf zahlreichen Konten in den sozialen Netzwerken hochgeladen hat, anzuschauen. Ihre Analyse, sagen ehemalige Geheimdienstfunktionäre heute, hätte die Wissensbasis von Aman erheblich bereichert. »Wir haben das unterschätzt«, sagten sie.

Ein weiterer Faktor, der das Versagen der Geheimdienste verursachte, war im Jahr 2021 die Schließung der Einheit, die sich mit der Sammlung sichtbarer Informationen aus dem Gaza-Streifen befasste. Dies schadete dem Umfang und der Fähigkeit, Informationen wie Hamas-Trainingsvideos zu analysieren, die den geplanten Angriff mit unglaublicher Präzision dokumentiert hatten. Solche Videos hätten israelische Geheimdienstmitarbeiter nicht nur sehen müssen, sie hätten auch gründlich untersucht werden müssen. Sie hätten große Aufmerksamkeit von höchster Stelle verdient. Einer der leitenden Mitarbeiter des Geheimdienstkorps sagte Ende Oktober 2023, das »veraltete« Konzept von Aman sei, zu glauben, »dass der Feind ein internes Kommunikationssystem besitzt, in das wir eindringen müssen, und dann haben wir Zugriff auf alles«. Er fügte hinzu: »Allein durch die 18- bis 19-jährigen Wehrpflichtigen, die die sozialen Netzwerke der Facebook- und Telegram-Gruppen der Hamas hätten untersuchen sollen, wäre es möglich gewesen, den Angriff frühzeitig zu entdecken.«

Es stellte sich heraus, dass die Hamas eine ganze Reihe von Videos veröffentlichte, in denen ihre Pläne beschrieben werden. Seit 2018 finden jeden Dezember große Übungen der »gemeinsamen Operationsräume« der Hamas und der Organisation Islamischer Dschihad statt. Die Übungen erfuhren ein umfangreiches Medienecho und wurden in Videos dokumentiert. In diesen Übungen kann man genau sehen, worauf sich die Hamas vorbereitete. Im Jahr 2023 wurde das Datum zum ersten Mal seit vier Jahren so geändert, dass es bei israelischen Fachleuten, die diese jährlichen Ereignisse verfolgten, für Aufsehen hätte sorgen sollen. Die Jahresübung wurde auf den September vorverlegt. Dieser Termin wurde nicht zufällig oder ohne Grund festgelegt. Er war für den 18. Jahrestag des Abschlusses des israelischen Rückzugs aus dem Gaza-Streifen angesetzt, den Premierminister Ariel Scharon damals beschlossen hatte. Ein wachsames, professionelles Auge hätte die Symbolik dieser Änderung des Datums der großen Übung bemerkt.

Weniger als einen Monat vor dem Angriff veröffentlichte die Hamas ein Video, das unter anderem die Übernahme einer israelischen Verteidigungsstellung im Bereich des Trennungszauns zeigt. In einem weiteren zeitgleich von der Hamas veröffentlichten Video ist zu sehen, wie ein Konvoi aus weißen Toyota-Pick-up-Trucks, in dem bewaffnete Männer sitzen, nahe dem Grenzzaun zu Israel fährt. In dem Video ist auch zu sehen, wie Hamas-Mitglieder einen Überfall auf einen israelischen Militärposten und die Entführung von Soldaten üben.

Einen Tag später verkündete einer der engsten Vertrauten von Premierminister Netanjahu, Zachi Hanegbi, Chef des Nationalen Sicherheitsrates (»Malal«), in Jerusalem Folgendes: »Es gibt eine Entscheidung der Hamas-Führung, beispiellose Zurückhaltung und Mäßigkeit zu demonstrieren. Hamas ist sehr, sehr zurückhaltend und versteht die Bedeutung eines weiteren Widerstands.«

Nach dem 7. Oktober zeigte der amerikanische Fernsehsender CNN Filme, die in den anderthalb Jahren vor der Hamas-Invasion im Gaza-Streifen gedreht wurden. In dem Material sind mindestens sechs Übungsanlagen zu sehen, die Stützpunkten der israelischen Armee ähnelten. Eine von ihnen wurde nur wenige hundert Meter von der israelischen Grenze entfernt errichtet und gleicht einem der israelischen Militärstützpunkte, die schließlich angegriffen wurden. Den Hamas-Videos zufolge umfassten die Übungen auch die Praxis der Entführung und Fesselung von Geiseln in einem bebauten Gebiet.

Einem anderen CNN-Bericht zufolge erhielt der amerikanische Geheimdienst im September 2023 drei Warnungen, dass die Hamas die Lage eskalieren lassen könnte. Es ist davon auszugehen, dass diese Warnungen der israelischen Regierung übermittelt wurden, kurz bevor der Chef des Nationalen Sicherheitsrates, Zachi Hanegbi, seine ruhige, beruhigende und betäubende Rede hielt.

Der Hamas gelang es nicht nur, den israelischen Geheimdienst technisch zu blenden, sondern ihn auch zu sedieren. Sie verzichtete seit Kurzem darauf, Israel direkt anzugreifen, und überließ jeglichen Widerstand gegen Israel und den Abschuss von Raketen auf Siedlungen rund um den Gaza-Streifen dem Islamischen Dschihad, der als rebellische und nicht ernsthafte Organisation dargestellt wurde. Aus irgendeinem Grund gelang es ihr, Israel davon zu überzeugen, dass es ihr als faktische Regierung, die für über zwei Millionen Menschen verantwortlich ist, nur um das Wohlergehen der Bewohner geht.

Israel seinerseits wurde süchtig nach dem von Zachi Hanegbi zum Ausdruck gebrachten Konzept. Zvika Hauser, der Vorsitzende des Ausschusses für auswärtige Angelegenheiten und Sicherheit der Knesset, der damals Netanjahu sehr nahestand, sagte: »Gleichzeitig haben wir uns die unvorstellbare Geschichte erzählt, dass die Hamas abgeschreckt würde, selbst wenn sie ihre militärische Macht weiter ausbaute. Zusammmen mit den Sicherheitsbehörden«, fuhr er fort, »haben wir ziemlich viele Diskussionen darüber geführt, dass das gesamte strategische Konzept nur auf Verteidigung und überhaupt nicht auf Angriff basiert. Aber die Chefs der Armee zeigten mit der Unterstützung der obersten politischen Ebene ein einheitliches Denken ohne jeden Zweifel. Sie zeigten einen völligen Mangel an Offenheit jeder Änderung der Konzepte gegenüber. Wir haben dem Feind drei Geschenke gemacht«, fuhr er fort. »Wir haben einen Präventivschlag aufgegeben, weil wir der Meinung waren, dass die Hamas trotz ihrer massiven Bewaffnung abgeschreckt worden sei und sich anderen Zielen und Ambitionen zugewandt habe. Wir dachten, wenn sie uns überraschen würde, wären wir stark genug, um sie sofort anzugreifen. Wir dachten«, fügte Hauser verbittert hinzu, »dass unsere Armee stark sei, aber sie wurde an einen anderen Ort verlagert. Wir sind nicht gegen das Erstarken der Hamas vorgegangen, wie wir es beispielsweise gegen die Iraner in Syrien getan haben, und wir haben es ihr ermöglicht, den Kriegszeitpunkt zu wählen, der ihnen passte.« Schlussendlich sagte er: »Wir dachten, wenn die Hamas dennoch etwas Aggressives gegen uns unternehmen würde, würden wir dafür sorgen, dass wir sie gemeinsam mit der Luftwaffe schlagen.«

Dieser Ansatz spiegelte sich auch in den Informationen wider, die die Geheimdienstmitarbeiter dem Ausschuss für auswärtige Angelegenheiten und Sicherheit der Knesset gaben. Ein Beamter im Unterausschuss des Ausschusses für Geheimdienstangelegenheiten, dessen Mitglieder regelmäßig Geheimdienstberichte erhalten, sagte, dass das Geheimdienstcorps »für die Hamas-Frage im Gaza-Streifen verantwortlich war«. »Aber«, fügte er hinzu, »wir haben auch Informationen vom Mossad und dem Schin Bet erhalten, und es herrschte unter allen ein Konsens. Keine dieser Stellen hatte irgendwelche Hinweise auf irgendetwas Bedeutsames in dem Ausmaß, das Israel erlebt hat. Und die ganze Zeit hieß es, die Hamas habe kein Interesse an einem Konflikt.«

Eine der Methoden der Hamas, Israel in den Wochen vor dem Anschlag vom 7. Oktober zu betäuben, waren Proteste, die sie in der Nähe des Grenzzauns initiierte. Dies scheint ein Versuch gewesen zu sein, Israel auf die Probe zu stellen. Ende August 2023 begannen viele Bulldozer, sich der Grenze zu nähern, was wie ein Versuch aussah, die organisierten Unruhen von 2018 wieder aufzunehmen. Es waren Demonstrationen entlang der Grenze, die die Hamas von Zeit zu Zeit aus Gründen der inneren Moral organisierte (so verstand man es zumindest in Israel). In Israel bemerkte man später nicht, dass viele dieser Bulldozer, wenn nicht sogar alle, nicht zurückfuhren, sondern auf dem Feld versteckt wurden. Gebäude, die angeblich für Demonstrationsmärsche in unmittelbarer Nähe des Zauns auf dem exponierten Gelände errichtet wurden, sollten künftigen Angreifern als Unterschlupf dienen. Diejenigen, die die Demonstrationen angeblich organisierten, gehörten einer neuen Organisation namens »Die rebellische junge Generation« an, von der in Israel noch nie jemand etwas gehört hatte. Niemand wusste, ob überhaupt und welche Verbindungen diese neue »Organisation« zur Hamas hatte. In Israel verstand man weder den Zweck der neuen Organisation noch das Ziel ihrer Proteste vor dem Zaun.

17.
Wie geht es weiter in den von Israel besetzten Gebieten?

Im Juli 2023 nahmen im ganzen Land die Massenproteste gegen die »Justizreform« zu, und die Regierung erhöhte daraufhin den Druck und versuchte genau dann, die Verabschiedung der ihr zugrunde liegenden antidemokratischen Gesetze zu beschleunigen. Bei den Sicherheitsbehörden und an der Spitze der Armee löste diese Regierungsaktivität Panik aus. Die Spitze befürchtete den Zerfall der Sicherheitskräfte, hauptsächlich der Eliteeinheiten. Die Kampfflieger und die Luftwaffe insgesamt zeigten immer mehr Unmut über die Verletzungen der Wurzeln der Demokratie. Auch andere Armeeeinheiten entwickelten nach und nach Verbitterung über den wachsenden Druck der Regierung, die Grundlagen der Demokratie zu untergraben. Der Grund dafür, dass dies bei der Luftwaffe am deutlichsten zu spüren war, liegt darin, dass diese Truppe mehr als jede andere auf ihre Reservekräfte angewiesen ist. Es ist klar, dass die Empörung bei den Reservemilitärs stärker zum Ausdruck kommt als bei den Kämpfern der regulären Einheiten. Letztere leben innerhalb und unter militärischer Disziplin. Und dennoch:

Auch dort waren Stimmen zu hören, die das Oberkommando beunruhigten.

Aus dieser Sorge heraus schickte Stabschef Herzi Halevi zwei Generäle des Oberkommandos, den Chef des Geheimdienstes und den Leiter der Operationsabteilung, zur Regierung, um den Premierminister und die Minister vor der ihrer Ansicht nach großen Gefahr für Israel durch die antidemokratische Gesetzgebung zu warnen. Netanjahu und die meisten Minister waren überhaupt nicht bereit, sich mit ihnen zu treffen. Nur eine Handvoll Minister stimmte zu, sie zu einem kurzen Gespräch zu empfangen.

Dennoch kann nicht gesagt werden, dass das ganze Land vor Kriegsausbruch blind war. Ja'ir Lapid, der Vorsitzende der Partei »Jesch Atid«, der 2022 Premierminister war und derzeit Oppositionsführer in der Knesset ist, veröffentlichte am 24. September ein Video, in dem er den Medien gegenüber eine Erklärung abgab. »Wir nähern uns einem gefährlichen gewalttätigen Konflikt mit mehreren Schauplätzen«, sagte er. »Den Berichten der Sicherheitsbehörden zufolge ist die Zahl der Warnungen in Judäa und Samaria (Westbank) beispiellos. Selbst die jüngsten Ereignisse in der Nähe des Sicherheitszauns im Gaza-Streifen sind solche, die in der Vergangenheit zu immer wiederkehrenden Kämpfen geführt haben.« Laut einem engen Freund von Lapid sollte das Video mit der Nachricht enden, dass das Ignorieren der Warnungen Hunderte von Toten mit sich ziehen würde. Dieser Schlusssatz wurde schließlich entfernt. Der Grund: Lapids Freunde befürchteten, dass er übertreibe und durch eine solche Veröffentlichung das Vertrauen der Öffentlichkeit verlieren würde.

Es bleibt also die Frage: Kann man sagen, dass es keine Warnung gegeben habe? Im Gegenteil: Es gab viele Warnungen, aber es fehlte die richtige Einschätzung, was genau diese Warnungen bedeuteten, sagt dieselbe Quelle aus Lapids Umfeld. Es gab offensichtliche Anzeichen dafür, dass Israel immer mehr Kräfte in Judäa und Samaria versammelt und die Grenze zum Gaza-Streifen vernachlässigt hat. Lapid stützte seine Einschätzung auf streng geheimes Geheimdienstmaterial, einschließlich roher, nicht interpretierter Geheimdienstinformationen. Der Oppositionsführer hat per Gesetz Zugang zu diesem Material. Lapid gelangte zu seinen Schlussfolgerungen aus einer Durchsicht des Materials, das natürlich auch dem Premierminister, den wichtigsten Ministern und anderen vorlag. Lapid sagte, er habe anhand der Behandlung des Geheimdienstmaterials erkannt, dass das gesamte System dem Konzept unterworfen sei, dass die Hamas abgeschreckt werde, was einfach nicht wahr sei. Lapid sagte, er habe viele kritische Warnungen gesehen, die offensichtlich zu einer Explosion führen würden.

Wie bekannt ist, erhält der Oppositionsführer einmal im Monat Informationen vom Premierminister. Ein monatliches Gespräch, bei dem auch der Militärsekretär des Premierministers anwesend ist. Was Lapid damals zu Netanjahu sagte, ist nicht bekannt, aber angesichts der akuten Besorgnis, die Lapid bei seinen engen Mitarbeitern zum Ausdruck brachte, ist es schwer vorstellbar, dass er mit Netanjahu nur über Belangloses gesprochen hat.

Und es gab auch weniger geheime und weniger verborgene Warnungen. Die hoch angesehene Kommentatorin zu arabischen Angelegenheiten der weitverbreiteten israelischen Tageszeitung *Jedi'ot Acharonot*, Smadar Perry, veröffentlichte zehn Tage, bevor die Hamas das Feuer eröffnete, dass der ägyptische Geheimdienstminister Abbas Kamel heimlich Kontakt zu Israel aufgenommen und verkündet habe, dass »etwas Ungewöhnliches, eine schreckliche Operation« sich im Gaza-Streifen zusammenbraue.

Angesichts des Dementis von Netanjahu, der behauptete und immer noch behauptet, dass Israel nie eine solche Warnung erhalten habe, sagte der Vorsitzende des Ausschusses für auswärtige Angelegenheiten des Kongresses der Vereinigten Staaten, Michael McCaul, drei Tage nach der Übermittlung der ägyptischen Warnung dem Fox-Fernsehen gegenüber: »Wir wissen, dass Ägypten Israel vor drei Tagen gewarnt hat, dass ein solches Ereignis unmittelbar bevorsteht und wahrscheinlich passieren wird.« Netanjahu bestritt und bestreitet auch dies.

Der koordinierte Angriff der Hamas an über dreißig Orten verblüffte die israelische Militärspitze. Er durchtrennte sofort einen großen Teil ihrer Informationsübertragungsleitungen, lähmte ihre Fähigkeit, sich zu verteidigen, und erzeugte so viel Nebel, dass selbst diejenigen, die versuchten, Alarm zu schlagen, es sehr schwer hatten, dies zu tun, wenn überhaupt.

Die Platzierung der Außenposten entlang des Zauns hatte damals einen Zweck: Sie sollten eine Deckung schaffen. Jeder Außenposten sollte die Fähigkeit haben, im Falle eines Angriffs einen nahe gelegenen Außenposten oder eine nahe gelegene Siedlung zu verstärken. Doch sobald es der Hamas gelungen war, die meisten Außenposten und das Kommando lahmzulegen, wurden auch die Verstärkungen neutralisiert.

In diesen Stunden war auch das Bild der Kämpfe, das im Militärhauptquartier in Tel Aviv einging, verwirrend. Völlig unklar. Was tatsächlich geschah, war, dass bis zum Abend die meisten Kämpfe unkoordiniert von Soldaten verschiedener Einheiten geführt wurden, darunter auch von denen, denen die Flucht aus den gefallenen Außenposten gelang und die isoliert weiterkämpften. Zu ihnen gesellten sich bewaffnete Bürger und Polizisten sowie die erschöpften Bereitschaftseinheiten in den Siedlungen, die unter einem großen Mangel an Waffen, Munition und Ausrüstung litten. Und es ist wichtig, sich daran zu erinnern: Die meisten Waffen, die sie besaßen, waren ihnen erst kürzlich von der Armee abgenommen worden. Und dies aus verschiedenen Gründen: Zunächst, weil die Verteidigung der Siedler im Westjordanland gegen die rebellischen palästinensischen Einwohner für die neue Regierung wichtiger und dringender war. Zweitens, weil man an einen Angriff aus dem Gaza-Streifen nicht befürchtete, und letzten Endes, weil die Dörfer an der Grenze des Gaza-Streifens als Anhänger der Opposition betrachtet werden.

Alle diese Kämpfe an diesem Tag, dem 7. Oktober, dem Feiertag von »Simchat Tora«, wurden ohne zentrale Kontrolle geführt und ohne dass jemand, der das Kommando hatte, wusste, was dort vor sich ging. Nur wenige Stunden nach Beginn des Angriffs trafen organisierte Kräfte in der Gegend ein. Nicht wenige Soldaten dieser Einheiten sind gefallen. Es waren nicht die Divisionen der großen und stolzen israelischen Armee, die den Angriff der Hamas stoppten. Es handelte sich um Soldaten verschiedener Einheiten, die überhaupt nicht koordiniert und nicht immer angemessen ausgerüstet waren, zusammen mit Mitgliedern der geschwächten Bereitschaftseinheiten, Zivilisten, Freiwillige, die mit ihren eigenen Waffen aus den umliegenden Gemeinden herbeiströmten, Feuerwehrleute, Polizisten und sogar Sanitäter des »Magen David Adom«.

Der beispiellose Schock, der Israel in der gesamten Gesellschaft und insbesondere an der Spitze der Regierung erfasste, ließ sie keine lange Zeit verstummen. Der Wunsch, den Opfern des Hamas-Angriffs zu Hilfe zu kommen, elektrisierte alle Schichten der Gesellschaft. Die allgemeine Stimmung des ganzen Volkes war nicht nur der Schock, den jede Nation nach einer großen militärischen Niederlage verspürte. Das Gefühl glich eher dem eines biblischen Dramas. Zwar fürchtete niemand um die Existenz des Staates – wie einige Kommentatoren im Westen schrieben. Der Schock war nicht nur auf den beispiellosen Schlag zurückzuführen, den Israel erlitt, auf die Demütigung durch mangelnde Vorbereitung, sondern noch mehr auf die begangenen Gräueltaten. Es war ein Schock wegen der beispiellosen Barbarei.

Die Hamas tötete etwa 1.400 Zivilisten. Sie ermordete auch ausländische Landarbeiter, die meisten von ihnen aus Thailand, einige Filipinos und mehr. Sie entführten 240 Bürger, darunter Erwachsene älter als achtzig, Frauen, Kinder, Babys. Sie verübten Gräueltaten an den Opfern, bevor diese ermordet wurden. Nachdem jetzt einige der

Frauen und Kinder aus der Gefangenschaft zurückkehrt sind, die unter schrecklichen Bedingungen in die Schützengräben im Gaza-Streifen geschleppt wurden und die einige nicht überlebten, wurden noch mehr Gräueltaten aufgedeckt als die von den israelischen Soldaten bei ihrem Einsatz entdeckten, als sie das Gebiet zurückeroberten. Die Soldaten entdeckten Massen von Leichen mit abgetrennten Gliedmaßen und viele verbrannte Leichen. Sie wussten nicht, welche Misshandlungen die Ermordeten vor ihrer Ermordung erlitten hatten. Meistens wussten sie nichts von den vielen Vergewaltigungen, darunter viele Gruppenvergewaltigungen, die die Mädchen und Frauen vor ihrer Ermordung erlitten. Einzelheiten dazu wurden bei der Rückkehr einiger Frauen und Kinder aus der Gefangenschaft im Rahmen des Gefangenenaustauschabkommens im November nicht nur von ihnen bekannt. Mehrere Hundert Häftlinge, Hamas-Mitglieder, die in die Hände Israels fielen, berichteten ausführlich über das Grauen, das dort verübt wurde. Allerdings bemühte sich jeder Gefangene, der sich zu Wort meldete, zu betonen, dass er persönlich nicht an den von seinen Kameraden begangenen Gräueltaten beteiligt war.

Der Schock war genauso groß wie der über den Zusammenbruch des israelischen Ordnungssystems. Er glich dem Zusammenfallen eines Kartenhauses, eines mächtigen und großartigen Systems. Vor den »Landstreichern der Hamas« schien das »Supersystem« des Nahen Ostens zusammenzubrechen. Die Macht, die ihre Armeeeinheiten mit den besten Waffen und der fortschrittlichsten Technologie der Welt ausgestattet hat. Gegenüber den

E-Bike-Fahrern, die Sandalen trugen, und den Insassen der Toyota-Pick-up-Trucks waren keine Kampfjets, keine Panzer und keine israelischen Kanonen zu sehen. Der durchschnittliche Israeli konnte sich nicht erklären, wie ihm geschah.

Länder, die einen Krieg verlieren, erholen sich nicht schnell. Normalerweise brauchen sie einige Jahre, bis sie wieder zu Kräften kommen, bis sie ein neues soziales und nationales Gleichgewicht finden. Dies war nicht die Situation Israels nach dem Schock des Hamas-Angriffs. Israel ist wie ein Riese, der von einem Elfen einen gewaltigen Schlag erhalten hat, einen sehr schmerzhaften und demütigenden Schlag. Aber es war eine Ohrfeige, keine entscheidende Niederlage. Der Schock, die Beleidigung, der brennende Schmerz halfen der gescheiterten Regierung und insbesondere der gedemütigten Armee, die Reservisten schnell und effizient zu mobilisieren. Es waren nicht die Behörden, sondern die Bürger selbst, die den Dienst mit seltener Effizienz und Schnelligkeit auf sich nahmen. Viele strömten zu ihren Reserveeinheiten, noch bevor sie den Einberufungsbefehl erhielten.

In der arabischen Welt (und nicht nur dort) wurde der anfängliche Erfolg der Hamas mit Erstaunen aufgenommen. Viele waren glücklich, und noch mehr taten so, als wären sie glücklich. Ein Land wie das Königreich Jordanien spürte eine existenzielle Gefahr. Die haschemitische Monarchie, die hauptsächlich auf den Beduinenstämmen und ihrer Loyalität basiert, wird derzeit von einer Mehrheit der palästinensischen Einwohner überwältigt, die sich ihren Brüdern in der Westbank und im Gaza-Streifen näher fühlen. Demonstrationen zur Unterstützung der Hamas, die in ganz Jordanien ausgebrochen waren, erschreckten die Führer des dortigen Regimes. Sogar die stabile Loyalität der Armee, auf die sich die Staatsführung immer verlassen hatte, begann zu bröckeln und den Machthabern Sorgen zu bereiten. Seinerzeit wurde die jordanische Armee unter dem Namen »Arabische Legion« gegründet. Sie, wie auch das Königshaus selbst, bestand hauptsächlich aus Angehörigen der Beduinenstämme. Seitdem haben sich ihr auch etliche Nachkommen der Palästinenser angeschlossen. Das Königshaus braucht dringend Beziehungen zu Israel, das Land, mit dem man eine lange Grenze teilt, und es braucht seine palästinensischen Bürger. Wie hält man hier das Gleichgewicht? Mittlerweile hat König Abdullah II. die Lage im Griff und genießt die Loyalität der Sicherheitskräfte. Aber wie lange noch? Wird es immer möglich sein, die zunehmenden antiisraelischen Gefühle der Mehrheit der Einwohner auch in Zukunft zu kontrollieren?

Und was wird Israel tun, wenn die jordanische Politik umschlägt und sich dieses Land dem Krieg anschließt? Schon heute steht Israel an mehreren Fronten: Abgesehen von der Front am Gaza-Streifen steht es unter ständigem Beschuss der Hisbollah, der schiitischen Miliz des Südlibanon, also jener Libanesen, die der schiitischen Strömung innerhalb des Islam angehören und vom Iran unterstützt werden. So konnte sich die Hisbollah dank iranischer Finanzierung mit 150.000 starken Raketen ausrüsten. Ohne dass die Hisbollah mit voller Kraft dem Krieg beitrat und ohne auf israelischen Boden einzudringen, gelang es ihr mit ihren Angriffen, dass die israelischen Orte im Norden entlang der Grenze zum Libanon geräumt werden mussten, was Israel ein neues Problem von 100.000 oder mehr Flüchtlingen schaffte. Und das, ohne dass sie offiziell und mit voller Kraft am Krieg beteiligt wären. Sie werden dies tun, sobald sie eine Anweisung aus dem Iran erhalten. Dem Iran ist es egal, was Israel dem Südlibanon antut. Um Israel zu zerstören, wird es nicht zögern, den Libanon zu opfern. Unterdessen wird der Iran von den Vereinigten Staaten, die zwei ihrer größten Flugzeugträger in den Nahen Osten geschickt haben, zurückgehalten.

Mit seinem Nachbarn Syrien befindet sich Israel seit Langem in einem Zermürbungskrieg. Das mörderische syrische Regime führt seit mehr als zehn Jahren einen Bürgerkrieg: Der Iran schickt regelmäßig iranische »Freiwillige« oder seine Schützlinge nach Syrien. Darüber hinaus eroberten die Russen Militärstützpunkte in Syrien. Die Beziehungen zwischen Israel und den russischen Streitkräften sind äußerst sensibel und fragil. Dies ist auch der Grund für die äußerste Vorsicht, die Israel gegenüber dem Krieg in der Ukraine an den Tag legt. Die Sympathie der Israelis gilt der Ukraine, doch die Angst vor Russland ist groß. Nicht nur, dass die russische Armee tatsächlich an seiner Grenze sitzt, Israel hat auch bilaterale Interessen mit Russland und muss auch das Schicksal der großen jüdischen Bevölkerung in Russland berücksichtigen.

Als ob das alles nicht genug wäre, wird Israel heute auch aus dem mehr als 1.200 Kilometer entfernten Jemen mit Raketen beschossen. Iran lieferte Raketen an die Huthi-Rebellen im Jemen. Die Huthi-Rebellen im Jemen sind Schiiten, die dem Iran hörig sind. Die Regierung des Jemen und insbesondere Saudi-Arabiens bekämpfen sie seit Jahren erfolglos.

Und was ist mit dem heute wichtigsten und mächtigsten arabischen Land, Saudi-Arabien? Die inoffiziellen Beziehungen zwischen ihm und Israel haben sich in den letzten Jahren schrittweise verbessert, sich auf verschiedenen Ebenen weiterentwickelt, und es wurden gemeinsame Interessen geschaffen. Die Amerikaner sind kürzlich auf die Welle dieser sich entwickelnden Beziehungen eingestiegen. Präsident Biden hat seit Beginn seiner Amtszeit und schon davor lautstark seinen tiefen und offenen Abscheu gegenüber dem Herrscher von Saudi-Arabien, Kronprinz Mohammed bin Salman, zum Ausdruck gebracht. Grund dafür ist die Ermordung des saudischen Journalisten Khashoggi im saudischen Konsulat in Istanbul im Jahr 2018. Aber die amerikanischen Interessen siegten über die Abscheu, und Biden reiste sogar nach Saudi-Arabien, um bin Salman die Ehre zu erweisen. Zu den weiteren amerikanischen Interessen in Saudi-Arabien gehörte neben der Frage der Versorgung mit und des Preises von saudischem Öl auch die Frage des Kampfes gegen die antiamerikanischen Verbündeten Iran und Russland. Neben der Aufnahme von diplomatischen Beziehungen mit dem Iran, dem Fahnenträger des schiitischen Feindes, baute bin Salman auch seine Beziehungen zu einem anderen Konkurrenten des amerikanischen Präsidenten, nämlich zu China, aus und senkte den Ölpreis nicht, obwohl Präsident Biden ihn bei seinem »Gang nach Canossa« darum gebeten hatte. Und doch kam bin Salman am Ende zu dem Schluss, dass die Vereinigten Staaten unter anderem deshalb wichtig sind, um dort die besten modernen Waffen und insbesondere die besten Kampfjets zu kaufen, die es auf der Welt gibt. Und was gibt es Stärkeres als ein gemeinsames Interesse an der Beschaffung amerikanischer Kampfflugzeuge für die größten und reichsten Ölexporteure?

Das Bündnis zwischen Saudi-Arabien und den Vereinigten Staaten erfordert wahrscheinlich die Integration Saudi-Arabiens in die Gruppe prowestlicher arabischer Länder im Nahen Osten (die ölreichen Golfstaaten, Jordanien und Ägypten), und es bedarf eines Abkommens mit Israel.

Prinz Mohammed bin Salman hat keine Probleme mit Israel. Was ihn beunruhigte, war die öffentliche Meinung in seinem Land. Deshalb präsentierte er sich öffentlich als Verteidiger der Palästinenser. Er ernannte einen nicht ansässigen Botschafter in der Palästinensischen Autonomiebehörde von Mahmoud Abbas in der Westbank.

Dann begann der saudische Herrscher gleichzeitig, israelischen Persönlichkeiten den Besuch Saudi-Arabiens zu gestatten, »um an internationalen Gremien teilzunehmen«.

Und tatsächlich begann der Druck Früchte zu tragen. Die großen Waffenhersteller in den Vereinigten Staaten wie Lockheed-Martin, der das Flugzeug F35 und das taktische Raketensystem ATACMS herstellt, zwei Waffen, die Saudi-Arabien für dreißig Milliarden Dollar kaufen will, sind zu Befürwortern der Ehrlichkeit Saudi-Arabiens in Washington geworden. Bekanntlich ist die Lobby der Waffenhersteller in Washington sehr einflussreich. Zwar lebt die amerikanische Flugzeugindustrie von weit mehr als dreißig Milliarden US-Dollar, aber der Kauf ihrer Flugzeuge macht Saudi-Arabien zu ihrem Stammkunden für Flugzeuge und Ersatzteile.

Doch dann ereignete sich der 7. Oktober und stoppte den ganzen Prozess. Saudi-Arabiens Herrscher, der dachte, dass er in seinen eigennützigen Beziehungen zu den Vereinigten Staaten den richtigen Weg eingeschlagen habe, war plötzlich ausgebremst worden. Wie kann er den Vereinigten Staaten behilflich sein, die Israels Besetzung des Gaza-Streifens mit aller Kraft unterstützen? Nicht, dass diese Besetzung die Herrscher Saudi-Arabiens stört. Im Gegenteil: Der Hass der meisten arabischen Herrscher auf die Hamas ist enorm, doch wieder einmal sah sich der saudische Prinz mit einer problematischen öffentlichen Meinung konfrontiert. Wie die meisten prowestlichen Herrscher in der arabischen Welt, die die Hamas hassen.

Der Druck auf Präsident Biden nahm nicht nur in der arabischen Welt zu. Viel wichtiger war der Stimmungswandel in Europa und insbesondere in den Vereinigten Staaten selbst. Die westlichen Medien, die nicht von Vorurteilen beeinflusst werden, haben ein Interesse, Nachrichten und Geschichten zu liefern. Als die israelische Armee immer größere Teile des Gaza-Streifens besetzte, eroberten die Bilder der Zerstörung und des Schreckens der zwei Millionen im Gaza-Streifen lebenden Bürger die Medien. Immer schlimmere Berichte und Fotografien bestimmten die Fernsehbildschirme, die Radiosendungen und die Presseartikel im Westen. Es waren nicht die riesigen Demonstrationen der großen muslimischen Minderheiten im Westen gegen Israel, die die öffentliche Meinung beeinflussten, sondern die Berichte über die Zerstörung im Gaza-Streifen und das Leid der dortigen Zivilbevölkerung. Fast die Hälfte der Bevölkerung des Gaza-Streifens, die Mehrheit der Zivilbevölkerung, etwa eine Million Einwohner, floh nach Süden.

Ende November 2023 gelang der geschlagenen Hamas, was sie unbedingt wollte: Es wurde ein Waffenstillstand erklärt. Ein vorübergehender Waffenstillstand im Austausch von »Gefangenen«. Die ersten Entführten, die mithilfe Ägyptens nach Israel zurückgebracht wurden, waren einige der Babys, der kleinen Kinder, auch solche, deren Eltern ermordet worden waren oder manche in Begleitung ihrer Mütter, die gehen durften, einige ältere und einige kranke (auch mindestens ein Mann mit russischer Staatsbürgerschaft als Hommage an Präsident Putin). Wie viele genau zurückgeblieben sind, ist unklar, da die Hamas sich weigerte, Informationen über sie weiterzugeben, weder an Ägypten noch an das Rote Kreuz, das sie überhaupt nicht besuchen durfte.

In Israel wuchs die Aufregung mit der Rückkehr mehrerer Dutzend der schätzungsweise 240 Entführten, darunter, wie bereits erwähnt, Landarbeiter aus Thailand, die nicht verstanden, was ihnen zugestoßen war. Sie erzählten von der schrecklichen Behandlung und dem Hunger, den die israelischen Entführten erleiden mussten.

An diesem Punkt stellte sich die Frage: Wie geht es weiter? Werden die Angriffe wiederkehren, werden die Kämpfe weitergehen, als wäre nichts gewesen, auch wenn die meisten Entführten in den Händen der Hamas bleiben? Nachdem die Bevölkerung in Israel einige Zeugenaussagen derjenigen gehört hatten, die aus der Gefangenschaft im Gaza-Streifen zurückgekehrt waren, glaubten viele in Israel, dass die übrigen von der Hamas festgehaltenen Entführten unter den Bedingungen, unter denen sie festgehalten werden, keine Chance mehr haben, lange zu überleben.

Zusätzlich zu der Frage nach den Entführten, dem Waffenstillstand und/oder der Nichtwiederaufnahme der Kämpfe wurde im Dezember in Israel immer häufiger die Frage laut: Was ist unser Ziel? Die offizielle israelische Version lautete weiterhin: die Zerstörung der Hamas. Der Verteidigungsminister, der wie ein Mantra das Versprechen wiederholt, die Hamas zu eliminieren, sprach davon, dass noch zwei Monate gekämpft werden müsse, um dieses Ziel zu erreichen. Aber die Frage »Wer hat uns das ermöglicht?« wurde immer häufiger gehört. Die Amerikaner? Die israelische Wirtschaft? Und wenn wir den gesamten Gaza-Streifen mit seinen 2,2 Millionen Einwohnern erobern, wer wird ihn dann regieren? Für Netanjahu und die Rechten war nur eines klar und deutlich: Sie würden Mahmoud Abbas und der Regierung von Ramallah nicht die dortige Macht übergeben. Natürlich nicht, schließlich haben sie sich seit jeher gegen die Existenz dieser autonomen Regierung ausgesprochen! Ermöglicht wurde die Gründung dieser durch die Mitte-Links-Regierungen von Jitzchak Rabin und Schimon Peres. Und es ist klar: Den Rechten und insbesondere den extremen Rechten ist es wichtig, dass ganz Judäa und Samaria dem jüdischen Volk gehören. Dieses Gebiet muss von immer mehr Juden besiedelt werden, mit dem Ziel, es schließlich vollständig zu annektieren. Und was wird mit den drei Millionen arabischen Einwohnern geschehen, die seit 1967 unter einem militärischen Besatzungsregime leben? Davon ist keine Rede.

Zumindest nicht offen. Offiziell und nach außen hin heißt es, wenn überhaupt die Träume über die Annexion zugegeben werden, dass die dort Lebenden die israelische Staatsbürgerschaft erhalten werden. Und das Gleiche wird auch mit den Bewohnern des Gaza-Streifens geschehen? Dann würden perspektivisch – berücksichtigt man die demografische Entwicklung – die arabischen Bürger die Mehrheit der israelischen Bevölkerung stellen.

In den rechtsextremistischen politischen Kreisen besteht kein Zweifel daran, dass das Ziel die Vertreibung der arabischen Bevölkerung aus dem gesamten »biblischen Land Israel« ist. Wie und wohin werden Millionen deportiert? Darüber wird natürlich nicht gesprochen und auch nicht geflüstert. In diesen Kreisen gibt es keinen Grund, zu viel zu reden. Sie wissen genau, was jeder von ihnen denkt. Wenn man sie fragt »Wie vertreibt man Millionen von Menschen und wohin?«, werden sie antworten: »Wir werden dieses Problem schon lösen, wenn wir dazu kommen.«

In der Zwischenzeit beschäftigen sie sich mit dem ersten Schritt: dem Schikanieren der Bewohner von Dörfern in der »Region C« in der Westbank. Diese ist in drei Teile unterteilt: A, B und C. Geografisch gesehen ist C der größte Teil, aber das Gebiet, das am wenigsten von Palästinensern bevölkert ist. Die meisten jüdischen Siedlungen werden dort gebaut. Dort greifen maskierte Siedler die arabischen Dorfbewohner an: Sie schlagen Nägel in die Räder ihrer Autos, verbrennen ihre Olivenbäume, schießen auf ihre Schafherden und unternehmen viele weitere Angriffe, je nachdem, was den extremistischen Siedlern gerade einfällt.

Und was macht die Armee? Und was macht die Polizei? Um diese Fragen zu beantworten, muss man zunächst fragen, wer der Armee und der Polizei Anweisungen gibt. Bezalel Smotrich, Vorsitzender einer der beiden ultrarechten Religionsparteien, kann in Judäa und Samaria fast alles tun, was er will. Und als ob das noch nicht genug wäre, ist Polizeiminister Itamar Ben Gvir der Vorsitzende einer ultrafaschistischen Partei. Ben Gvir diente überhaupt nicht in der Armee, nicht weil er sich dem Dienst entzog, sondern weil die Armee ihn und seinesgleichen nicht haben wollte. Als Polizeiminister stellt er selbstverständlich die uneingeschränkte Zusammenarbeit mit dem Teil der Armee sicher, der unter dem Einfluss von Finanz- und Verteidigungsminister Smotrich steht. Die extremistischen Randalierer der Siedler müssen sich keine Sorgen machen, angesichts der Grausamkeiten, die sie begehen. Sie sind gut geschützt.

In den ersten Monaten des von der Hamas begonnenen Krieges wurden weit entfernt von der Kampfzone im Gaza-Streifen und offenbar ohne Bezug zum Krieg über zweihundertzwanzig Palästinenser in der Westbank getötet und etwa zweitausend festgenommen. Natürlich, wird beteuert, sind sie alle Terroristen. Die Zahl der jüdischen Opfer: null.

Auch die in rechtsextremistischen Kreisen immer lauter werdenden Stimmen fordern eine erneute Besiedlung des Gaza-Streifens, den Ariel Scharon seinerzeit von 9.000 Siedlern geräumt hatte. Netanjahu kündigte an, dass er sich gegen Siedlungen in einem Gebiet ausspricht, das nicht nur arabisch, sondern auch das am dichtesten besiedelte der Welt ist. Aber wir dürfen nicht vergessen, dass er ohne Smotrich und Ben Gvir oder sogar ohne nur einen von ihnen keine Mehrheit in der Knesset hat.

Unter diesen Umständen ist auch klar, dass Netanjahu die palästinensische Autonomieregierung von Mahmoud Abbas in Ramallah in keiner Weise unterstützt. Er hätte sie schon vor langer Zeit eliminiert, wenn er gekonnt hätte. Zwei Überlegungen halten ihn davon ab: 1. Die Armee behauptet, dass sie ohne die palästinensische Regierung in Ramallah und ihre bewaffnete Polizei viel mehr in die Aufrechterhaltung von Ordnung und Sicherheit in Judäa und Samaria investieren müsste. 2. Ohne die Regierung von Mahmoud Abbas müsste die israelische Regierung die Behandlung und Kosten der zivilen Angelegenheiten von drei Millionen Palästinensern übernehmen, also das Gesundheits- und Bildungssystem usw. in diesen Gebieten selbst finanzieren und verwalten.

Mit anderen Worten: Netanjahu und die Rechten haben keine andere Wahl, als zähneknirschend mit der autonomen palästinensischen Regierung in der Westbank zu leben. Aber ihr die Herrschaft über den Gaza-Streifen zu übertragen? Das ist unvorstellbar!

Was also will und/oder planen die Rechten für den Gaza-Streifen nach dem »totalen Sieg über die Hamas«? Das werde man nach dem Krieg sehen, antworten Netanjahu und seine Leute. Jetzt: »Ruhe bitte, man schießt.«

Genau, man schießt. Doch die Angst um die Entführten, dass niemand genau weiß, was mit ihnen in der Gefangenschaft der Hamas geschieht, beschäftigt nicht nur ihre Angehörigen, sondern auch die breite Öffentlichkeit in Israel. Die Beschäftigung mit dem Schicksal der Entführten ist nicht der Beobachtung des Kriegsgeschehens, der Schlachten und ihrer Opfer untergeordnet. Alle Medien widmen den Gesprächen mit den Familien der Entführten die gleiche Zeit wie Berichten über Soldaten und die Kämpfe. Die Sorge um das Schicksal der Entführten wurde nach der Rückkehr einiger der von der Hamas entführten Kinder und Frauen nur noch verstärkt. Die Rückkehr der Geiseln erfolgte im Gegenzug für die Freilassung von dreimal so vielen palästinensischen Gefangenen. Allmählich begannen vor allem die freigelassenen Frauen sich zu öffnen und zu erzählen, was ihnen in der Gefangenschaft widerfahren war. Obwohl alle auf die eine oder andere Weise darauf eingestellt waren, Horrorgeschichten zu hören, sprengten die Berichte jegliche Vorstellungskraft. Da waren zum Beispiel die Geschichten über unaufhörliche Vergewaltigungen von Frauen und, ja, auch Männern durch Hamas-Mitglieder. Es ist kein Wunder, dass die Hamas sich hartnäckig weigerte, mit den ägyptischen Vermittlern und insbesondere mit ihren alten Freunden und Unterstützern, den Machthabern im Fürstentum Katar, über den Austausch von Gefangenen zu diskutieren, bei denen es sich weder um nicht junge Frauen noch um Männer handelt.

Wie wir wissen, wurden die Kämpfe Anfang Dezember 2023 nach einer Pause von etwas mehr als einer Woche wieder aufgenommen.

Diese Zeilen wurden in diesen Tagen Anfang Dezember geschrieben. Alle fragen sich, wohin das alles führen wird. Der Premierminister und der Verteidigungsminister wiederholen und erklären fast täglich, dass der Krieg bis zur vollständigen Zerstörung der Hamas oder zumindest bis zur Eliminierung ihrer Anführer und der Zerstörung ihrer gesamten militärischen Macht andauern wird. Es gibt nicht viele in Israel, die das glauben. Einer der einflussreichsten Autoren in den israelischen Medien, Nachum Barnea, Autor der weit verbreiteten Tageszeitung *Jediot Acharonot*, schreibt dieser Tage unter anderem: »Das ganze Gerede vom Krieg bis zum Sieg, bis zur Zerstörung der Hamas und der Beseitigung des Terrorismus, ist nichts als Rhetorik. Die Hamas ist eine Idee und eine historische Bewegung. Es ist unmöglich, eine Idee zu zerstören. Terrorismus ist ein Phänomen: Es gibt keine Möglichkeit, ihn durch militärische Maßnahmen zu beseitigen …« Er zitiert weiter ein Gespräch mit einem wichtigen Likud-Politiker: »Selbst wenn der Führer der Hamas, Jahja Sinwar, mit erhobenen Händen aus seinem Bunker kommt und alle Entführten freigelassen werden, wird dieser Krieg nicht mit einem Sieg enden.«

Was wird also passieren? Wird Israel niemals Frieden erleben? Wird sich darin das biblische Sprichwort »Von deinem Schwerte wirst du dich nähren« erfüllen?

Ja, so sieht es aus, wenn man die Realität ignoriert, die wichtigste Realität selbst in den heutigen Zeiten des Krieges und der Angst. Der ständig anwesende Elefant im Raum hat einen Namen: das Palästinenserproblem. Ungelöst verhindert es wahren Frieden und historische Versöhnung zwischen den arabischen Völkern, den Völkern des Islam, und Israel. Fast alle israelischen Regierungen weigerten sich, die saudische Friedensinitiative von 2002 anzunehmen. Diese Initiative, der sich alle arabischen

Länder anschlossen, bot Israel echten Frieden und eine Normalisierung der Beziehungen an. Dies sollte im Gegenzug für einen Rückzug auf die Grenzen von 1967 (die Grenzen vor dem Sechstagekrieg desselben Jahres) und die Gründung eines entmilitarisierten palästinensischen Staates (das Wort »entmilitarisiert« wurde besonders hervorgehoben) geschehen. Dabei ging es um einen palästinensischen Staat, dessen Hauptstadt Ost-Jerusalem ist (das bis 1967 Teil des Königreichs Jordanien war). Diese Initiative wurde von allen 57 arabischen und islamischen Ländern mit Ausnahme des Iran angenommen. Diese Initiative wurde bis 2017 mehrfach bekräftigt. Auf dem Gipfeltreffen der Arabischen Liga im Mai 2023 betonten dann die hochrangigen Beamten der saudischen Regierung erneut, dass die Gründung eines palästinensischen Staates eine Voraussetzung für eine vollständige Normalisierung mit Israel sei.

Der größte Freund Israels auf der Welt, der Präsident der Vereinigten Staaten Joe Biden, sagt: Er sehe keine andere Lösung als die von zwei Staaten, einem israelischen und einem palästinensischen.

Einige argumentieren gegen diese Meinung, dass sie der Realität nicht standhalte. Schließlich gelang es Israel trotz seiner antipalästinensischen Politik, mit zahlreichen arabischen Ländern Frieden zu schließen und diplomatische Beziehungen aufzubauen: mit Ägypten, mit Jordanien und mit den meisten Golfstaaten. Das stimmt, aber dies ist ein kalter und wurzelloser Frieden, der von flüchtigen Interessen abhängt. Ein Araber aus den arabischen Ländern, die Israel anerkennen, wird Israel nicht besuchen, wenn er nicht offiziell dorthin geschickt wird. Das bedeutet nicht, dass die arabische Welt kein Interesse am Tourismus aus Israel oder am Handel mit Israel hätte. Aber der Hinweis von oben ist klar: Touristen aus Israel sind bei uns willkommen, wir hingegen werden Israel nicht besuchen. Kann sich das alles wenden? Ja, es kann, und es ist bereits passiert! Dafür gibt es einen Präzedenzfall. Israel unterhielt viele Jahre lang eine große und sehr aktive Botschaft in Teheran. Die israelische Fluggesellschaft El Al flog nach Teheran, dessen Flughafen auch als Zwischenstopp für israelische Flüge in den Fernen Osten und nach Südafrika diente. Israel, das von allen arabischen Ländern belagert wurde, hatte absolut keine andere Möglichkeit, diese Ziele anzufliegen. Der Handel mit dem Iran umfasste, wie bereits erwähnt, sogar das gemeinsame Ölgeschäft.

Als im Iran die islamische Revolution begann, brachen die Ayatollahs sofort alle Verbindungen zu Israel ab. Sie taten dies nicht aus politischen oder wirtschaftlichen Gründen, sondern ausschließlich aus religiösen. Wer hätte sich eine solche Entwicklung in unserer modernen Welt vorstellen können? Und das war im »neuen« Iran kein Einzelfall. Der achtjährige Krieg zwischen dem Irak und dem neuen Regime der Ayatollahs in Teheran führte auch zu einer Kluft zwischen Iran und einem großen Teil der arabischen Welt. Auch dies geschah aus religiösen Gründen: der Kampf der fanatischen Herrscher des schiitischen Islams gegen die meisten Araber, die dem sunnitischen Islam angehören.

Und dies war auch für Israel ein Wendepunkt. Heute ist der Iran ein fanatischer Feind Israels und der sunnitisch-islamischen Welt. Andererseits fielen für Israel viele Trennwände und Hindernisse innerhalb der sunnitischen Welt.

Wer kann überhaupt von stabilen Allianzen mit Wurzeln sprechen? Derjenige, der das kann, ist der saudische Herrscher, der glaubt, dass die Lösung des Palästinenserproblems einen solchen historischen Wandel ermöglichen würde. Er ist nicht der Einzige in dieser Position. Natürlich bleiben all diese Fragen auf Eis, zumindest solange der Krieg im Gaza-Streifen andauert. Angeblich. Aber was wird nach Ende der Kämpfe passieren? Bekanntlich hat Israel ein ernstes Propagandaproblem, vor allem in der muslimischen Welt, je mehr es der Zivilbevölkerung im Gaza-Streifen schadete. Diese Angelegenheit ist selbst unter Israels Freunden in der Welt zu einem Problem geworden, insbesondere für diejenigen unter ihnen, die sich schon immer für das palästinensische Problem engagierten.

Gideon Levy ist ein sehr bekannter Journalist, Publizist und eine Fernsehpersönlichkeit, der wie kein anderer scharfer Kritik aus breiten Kreisen der israelischen Öffentlichkeit ausgesetzt ist. Die Kritik und sogar der Hass gegen ihn rühren daher, dass er ein regelmäßiger Prediger ist und über großes schriftstellerisches Talent verfügt und sich für die Rechte der israelischen Araber, der Palästinenser im Allgemeinen, einsetzt und die Mängel in der israelischen Demokratie anprangert. Er hat weltweit viele Kontakte zu den Kreisen der Linken, auch zu den radikalen. Einer seiner ältesten und engsten Freunde ist der Star-Sänger Roger Waters, Gründer der Band Pink Floyd. Am Sonntag, dem

19. November 2023, wurde sein offener Brief an Waters in der Zeitung *Haaretz* veröffentlicht. Ich erlaube mir, Auszüge aus diesem Brief wie folgt zu zitieren:

»Lieber Roger,

ich erlaube mir, Dir im Anschluss an Deine Aussagen zum Krieg einen offenen Brief zu schreiben … Für mich war und bist Du der gigantische Roger Waters, der Künstler und der inspirierende Mann des Gewissens. Diesmal liegst Du falsch.

… Du hast harte Dinge darüber geschrieben, was Israel im Gaza-Streifen tut. ›Israel hat kein Recht, im Gaza-Streifen zu sein, geschweige denn einen Völkermord zu begehen‹, schriebst Du, und ich konnte nur zustimmen. Aber gleich danach wiederholtest Du, was Du in früheren Interviews gesagt hattest: ›Wir kennen nicht alle Einzelheiten darüber, was passiert ist. Für mich sind alle Berichte verdächtig. Die israelischen Berichte enthielten Geschichten über enthauptete Babys, über viele Frauen, die vergewaltigt und verbrannt wurden … Ich weiß nicht, was wirklich passiert ist, und ich bin neugierig, es zu erfahren.‹ Und dann endest Du mit dem, woran ich von ganzem Herzen glaube: ›Der unerträgliche Schmerz wird bleiben, bis Israel, die Vereinigten Staaten und alle anderen an Verbrechen beteiligten Länder die gleichen Rechte für alle unsere Brüder und Schwestern akzeptieren und anwenden, unabhängig von Religion oder Nationalität, vom Jordan bis zum Mittelmeer.‹

Ich möchte auf Deine anhaltenden Zweifel an den

Ereignissen vom 7. Oktober eingehen. Dort ereigneten sich Gräueltaten, Roger, Gräueltaten, wie sie in der gesamten Geschichte dieses blutigen Konflikts noch nie begangen wurden. Dieser Horror hat einen Kontext, und der Kontext ist die kriminelle Belagerung und der religiöse Fundamentalismus, der in seiner Dunkelheit gewachsen ist, aber es gibt keinen Kontext auf der Welt, der eine solche Barbarei rechtfertigen könnte. Und ich verlasse mich nicht auf die Berichte Israels, die Du manchmal zu Recht bezweifelst. Am Tag nach dem Massaker besuchte ich Be'eri, den Veranstaltungsort der Party im Re'im-Park, die Stadt Sderot und Nir Oz und sah alles mit eigenen Augen. Ich sah überall Blutspuren, verbrannte Häuser, herumliegende Leichen und spürte den Geruch des Todes. Es war schrecklich. Kein Mensch und kein Land haben das verdient.

Die bescheidenen Gästezimmer in Be'eri müssen auch viele Pink-Floyd-Schallplatten beherbergt haben; unter den Opfern sind auch solche, die auf der ›dunklen Seite des Mondes‹ aufgewachsen sind. An diesen tödlichen Orten haben sie Dich und die Musik, die Du gemacht hast, verehrt. Es ist unmöglich, zu schweigen und an der Intensität des Bösen zu zweifeln, das dort geschah. Dabei spielt es keine Rolle, wie viele Frauen vergewaltigt wurden und ob die Babys tatsächlich enthauptet wurden. Der Massenmord war grausam und wahllos, ein vorsätzlicher Mord an unschuldigen Menschen, alten Menschen, Frauen, Männern und Kindern, Teilnehmer einer Party und Kibbuzniks … die an den Frieden mit dem Gaza-Streifen glaubten.

Ich bin der Letzte, der die Verbrechen Israels auf die leichte Schulter nimmt, einschließlich der Verbrechen, die es jetzt im Gaza-Streifen begeht. Es verdient schärfste Kritik. Allerdings ist es eindeutig unmoralisch, zu hinterfragen, was passiert ist. Wenn Du jetzt am Ende Deiner atemberaubenden Weltkonzerttournee angelangt bist, nachdem Du Deinen 80. Geburtstag gefeiert hast und zum moralischen Kompass von Millionen von Menschen geworden bist, kannst Du nicht anders, als alles, was in unserem Süden passiert ist, ohne Wenn und Aber, voll und ganz anzuerkennen. Eine Gräueltat rechtfertigt keine andere Gräueltat. Wer wie ich gestern vom Anblick der Zerstörung im Schifa-Krankenhaus schockiert ist, kann nicht anders, als auch vom Anblick von Be'eri und dem Nova-Festival schockiert zu sein.«

Schlussbetrachtungen

Wie viele Beobachter auf der Welt waren auch die Israelis wieder einmal erstaunt, als sie den Gaza-Streifen betraten und die »Landstreicher« der Hamas so vorfanden, wie sie wirklich sind. Ja, vielleicht waren es Landstreicher ohne hochentwickelte Waffen, ohne Luftwaffe, ohne Marine, ohne Panzer, sogar ohne richtige Artillerie. Ihre Ausrüstung bestand aus Kleinwaffen und Raketen, die vom schiitischen Iran über seine untergeordneten Organisationen in die sunnitisch-arabische Region geliefert werden. Denn nicht nur die schiitischen Minderheiten werden vom Iran unterstützt: Die Hamas ist wie alle Palästinenser eigentlich sunnitisch. Aber hier ist der religiös-nationale Hass auf Israel die dominierende Motivation.

Wie die Amerikaner seit dem Ende des Zweiten Weltkriegs immer wieder feststellen mussten, haben sie fast keinen ihrer Kriege siegreich beendet. Dabei führten sie fast ununterbrochen Kriege: angefangen mit Korea über Vietnam, Lateinamerika, den Nahen Osten im Irak, Libanon und mehr. Trotz ihrer unvergleichlichen Stärke an Ressourcen, Reichtum und Technologie gingen sie fast nie als Sieger vom Schlachtfeld. In Vietnam starben mehr als 50.000 Amerikaner, auf Seiten des Gegners Nordvietnam gab es drei Millionen Tote, und dennoch zogen die USA mit eingezogenem Schwanz ab. Auf die gleiche Weise flohen sie unlängst vor den primitiven Kriegern Afghanistans.

Nachdem die israelische Armee ihre Angriffe auf die Hamas im Norden des Gaza-Streifens beendet hat, einschließlich der Besetzung von Gaza-Stadt, der größten Stadt im Gaza-Streifen (größer als Tel Aviv) und sich Richtung Süden wandten, tauchen unablässig Guerillakämpfer in der Stadt auf. Sie greifen die Soldaten an und beschießen sie aus der von ihnen eroberten Stadt heraus.

Nur eine Minderheit der Israelis versteht, dass ihnen »totale« Siege nicht den gewünschten Frieden bringen werden, ohne eine Lösung des palästinensischen Problems, ohne eine Lösung, die dem palästinensischen Volk eine würdige Existenz wie jedem anderen unabhängigen Volk garantiert; auch wenn es keine Armee haben wird. Wenn es freiwillig demobilisiert wird, wie zum Beispiel Costa Rica.

Bereits im Jahr 2002 bot Saudi-Arabien, heute das wichtigste Land der arabischen Welt, Israel Frieden, Normalisierung und Sicherheit im Austausch für einen Rückzug auf die Linien von 1967, mit Grenzrevisionen oder Gebietsaustausch und der Gründung eines entmilitarisierten palästinensischen Staates mit Ost-Jerusalem als Hauptstadt, an. (Ost-Jerusalem war zwischen den Jahren 1948 und 1967 unter jordanischer Herrschaft und ist überwiegend von Palästinensern bevölkert.) Diese saudische Initiative wurde von allen arabischen und islamischen Ländern, 57 an der Zahl, mit Ausnahme des Iran angenommen. Nach 2017 wurde auf dem Gipfeltreffen der Arabischen Liga in Riad im Mai 2023 dies erneut bekräftigt. Schon damals betonten die Saudis, dass die Gründung eines palästinensischen Staates eine Voraussetzung für die Normalisierung mit Israel sei. Es sollte daran erinnert werden, dass sogar Präsident Biden, der größte Freund Israels, politisch und emotional, offen eine Zwei-Staaten-Lösung unterstützt, er würde also die Gründung eines entmilitarisierten, aber unabhängigen palästinensischen Staates begrüßen.

Zwar haben die Vereinigten Arabischen Emirate, Bahrain und Marokko die Unterzeichnung von Abkommen mit Israel (die »Abraham-Abkommen« im Jahr 2020) nicht mit der Gründung eines palästinensischen Staates verknüpft, trotzdem glauben aber die große Mehrheit der Bevölkerung und der Regierungen in Ägypten und Jordanien zuverlässigen Umfragen zufolge, dass die Lösung des Palästinenserproblems eine Voraussetzung für echten Frieden und eine Normalisierung mit Israel ist. Heute ist die Zusammenarbeit zwischen Israel, Jordanien und Ägypten in wesentlichen Themen und gemeinsamen Interessen sehr eng, obwohl diese Länder und Völker Israel gegenüber tiefe Vorbehalte haben. Und was passiert, wenn morgen die Herrschaft der Ayatollahs umschlägt und der Iran wieder zum Freund der arabischen Länder wird? Werden sie Israel weiterhin brauchen?

Unterdessen erklärt Netanjahu weiterhin fast täglich, dass er den Krieg bis zum endgültigen und vollständigen Sieg, bis zur endgültigen Zerstörung der Hamas fortsetzen werde. Glaubt er das oder braucht er diese Rhetorik für innenpolitische Zwecke? Bei den letzten Wahlen in Israel Ende 2022 gewann er 32 Mandate der 120 Mitglieder der Knesset. Heute, sagen die Umfragen, würde er etwa 16 Mandate erringen. In dieser Situation ist es ihm natürlich wichtig, dass die Wahlen nicht heute und auch nicht turnusgemäß, also in drei Jahren, stattfinden.

Er wird die Hamas nicht beseitigen. Hamas ist eine Idee und eine historische Bewegung. Man kann eine Idee nicht ausradieren. Terrorismus ist ein Phänomen. Es kann nicht durch militärische Maßnahmen beseitigt werden. Selbst wenn Hamas-Chef Sinwar mit erhobenen Händen aus seinem Bunker kommt und alle israelischen Geiseln zurückkehren, wird dieser Krieg nicht mit einem Sieg enden, den Netanjahu versprochen hat.

Und mehr noch: Bekanntlich, beschränkt sich der Krieg nicht auf den Gaza-Streifen. Die Ereignisse im Gaza-Streifen schürten die Stimmung im Südlibanon, wo überwiegend Schiiten leben, und in der Westbank (Judäa und Samaria), das seit 1967 von Israel besetzt ist und seitdem von einem israelischen Militärregime verwaltet wird, an. Obwohl das Gebiet seit 1968 angeblich vorübergehend besetzt wird, florieren dort israelische Siedlungen mit etwa einer halben Million Bewohner.

Das Folgende stammt aus einem Leitartikel der liberalen Tel Aviver Tageszeitung *Haaretz* Ende Dezember 2023:

»Tötung und Transfer in der Westbank:

Während die Augen auf den Gaza-Streifen gerichtet sind, passieren in der Westbank schwerwiegende Dinge, die die Realität dort verändern, einige davon unwiderruflich. Der Krieg im Gaza-Streifen wird von den Siedlern als Chance gesehen, die Realität des Lebens in der Westbank zu verändern und alles zu tun, was sie sich in anderen Zeiten nicht getraut haben. Sie misshandeln ihre palästinensischen Nachbarn, greifen sie an und beschädigen ihr Eigentum, und das gewaltsamer als gewöhnlich. Die IDF hält sie nicht nur nicht auf, sondern unterstützt sie in vielen Fällen und geht aggressiv und mit teils tödlichen Maßnahmen gegen die Palästinenser vor.)

Die beiden Schritte hängen miteinander zusammen, sie haben ein gemeinsames Ergebnis vor Augen: die Evakuierung der Palästinenser aus ihren Dörfern und ihrem Land, insbesondere an den beiden äußersten Punkten der Westbank: im südlichen Hebron-Gebirge und im nördlichen Jordantal. Dort, vor den Augen der schwächsten Bevölkerung – Hirtengemeinschaften, die keinen Schutz haben – geschieht tatsächlich ein Vertreibung, über die in Israel niemand spricht.

Seit Beginn des Krieges waren Bewohner von 16 Hirtengemeinden im südlichen Hebron-Gebirge aufgrund des Terrors der Siedler gezwungen, ihre Dörfer zu verlassen. Im nördlichen Jordantal haben bereits etwa 20 Familien aus demselben Grund ihre Dörfer aufgegeben.

Gleichzeitig werden in der gesamten Westbank fast täglich immer mehr Palästinenser getötet, einige von ihnen unschuldig. Allein in der Gegend von Tulkarm wurden seit dem Ausbruch des Krieges etwa 50 Einwohner getötet. Im Raum Ramallah wurden mehr als 30 Einwohner getötet. Einige wurden von Siedlern erschossen, die schnell von der Waffe Gebrauch machen – im Wissen, dass ihnen unter der Schirmherrschaft des Krieges und der rechtsextremen Regierung nichts Böses geschehen wird.

Auch Soldaten schießen mit unerträglicher Leichtigkeit auf Palästinenser, und dazu kommen tödliche Angriffe aus der Luft auf dichte Bevölkerungskonzentrationen in den Flüchtlingslagern in Dschenin und Tulkarm (zentrale Städte in der Westbank).

Mit dem Töten kommt die Zerstörung: Dschenin hat sich in einen kleinen Gaza-Streifen verwandelt, so definierte die *Washington Post* die Situation.

Im nördlichen Jordantal kommen noch die Misshandlungen der Armee an den Bewohnern hinzu. Beispielsweise dadurch, dass sie die Wasserversorgung der Bewohner der Dörfer im nördlichen Jordantal tagelang unterbrechen. Zur schwierigen wirtschaftlichen Lage, angesichts des absoluten Verbots für palästinensische Arbeiter aus der Westbank, in Israel zu arbeiten, gibt es außerdem Dutzende Straßensperren, die den Palästinensern das Leben erschweren.«

Seit der Veröffentlichung dieses Leitartikels wurden mehrere Divisionen vom Gaza-Streifen nach Judäa und Samaria (Westbank) verlegt. Dort wurden über zweihundertfünfzig Palästinenser und fünf Israelis getötet, über 2.000 Palästinenser inhaftiert.

Fast gleichzeitig mit dem Ausbruch des Krieges im Gaza-Streifen wurde für Israel an seiner Nordgrenze zum Libanon, eine weitere Front eröffnet.

Der Libanon ist ein Land mit vielen ethnischen Gruppen und Religionen. Die libanesische Verfassung schreibt vor, dass die Spitzenpositionen des Landes mit Vertretern der unterschiedlichen Glaubensrichtungen besetzt werden. Die Schiiten machen die Mehrheit der Bewohner des südlichen Teils des Libanons an der Grenze zu Israel aus.

Als Israel 1982 regiert von Premierminister Menachem Begin und Verteidigungsminister General Ariel Scharon in den Libanon einmarschierte, geschah dies auf Einladung der libanesischen Christen und mit der Unterstützung der schiitischen Muslime im Süden. Dies sind dieselben Schiiten, die heute die erbitterten Feinde Israels unter der Herrschaft von Nasrallah sind, der vom Iran unterstützt wird und seinen Hass dem gesamten Libanon aufzwingt.

Die schiitischen Ayatollahs, die Herrscher des Iran, unterstützen bekanntlich die Hamas aktiv mit Geld und Rüstungsgütern. Dies geschieht trotz der Tatsache, dass die Hamas nicht aus schiitischen Muslimen, sondern aus ihren muslimisch-sunnitischen Gegnern besteht. Sie üben starken Druck auf ihre libanesischen schiitischen Schützlinge aus, sich einem erbitterten Krieg gegen Israel anzuschließen. Die libanesischen Schiiten im Südlibanon an der Grenze zu Israel tun nach besten Kräften, was die Iraner fordern. Sie beschießen Israel oft und verursachten sogar die Evakuierung aller israelischen Einwohner, hauptsächlich Bauern, aus dem Norden des Landes. Dabei handelt es sich um etwa 70.000 Personen. Die Zerstörung und Verwüstung, die die Gegenmaßnahmen der israelischen Luftwaffe im Libanon anrichten, sowie die hohe Zahl an Toten in den Reihen der schiitischen Kämpfer, schmerzt sie sicherlich. Aber die 160.000 Raketen, die sie aus dem Iran erhalten haben, setzen sie nicht ein. Sie sind (noch?) nicht an einem umfassenden Krieg interessiert, auch wenn dieser in Israel große Zerstörung anrichten würde. Schließlich umfasst das gesamte Territorium Israels (ohne die besetzten Gebiete) nur 20.000 Quadratkilometer, was der Fläche Hessens entspricht.

Israel, das heute mit Hilfe seines Raketenabwehrsystems (eine israelische Erfindung und Entwicklung!) nahezu hermetisch gegen die aus dem Süden und Norden abgefeuerten Raketen gesichert ist, wäre bei der Menge an Raketen in den Händen Nasrallahs nicht in der Lage, sich umfassend zu wehren. Doch auch ohne die volle Kraft ihrer Raketen zu nutzen, gelang es den Südlibanesen, die meisten Bewohner Nordisraels aus ihren Wohnorten zu vertreiben und so im Norden Israels ein Ödland zu schaffen, in dem zurzeit fast nur noch die israelische Armee stationiert ist. Die israelischen Bewohner wurden zu Flüchtlingen innerhalb ihres eigenen Landes, zusätzlich zu den etwa 70.000 Flüchtlingen aus dem Grenzgebiet zum Gaza-Streifen im Süden.

Unter den vielen Möglichkeiten, die sich der Iran und seine Verbündeten zum Kampf gegen Israel einfallen ließen, war auch der Internationale Gerichtshof in Den Haag. Am 20. Dezember 2023 reichte Südafrika dort Klage gegen Israel ein. Warum Südafrika? Was hat dieses Land mit dem Nahostkonflikt zu tun? Die Lösung ist wohl in den iranischen Ölgeldern zu finden. Südafrika wirft Israel vor, beim Einsatz der israelischen Armee im Gaza-Streifen gegen die »Konvention über die Verhütung und Bestrafung des Völkermordes« verstoßen zu haben. Der Antrag beinhaltet die Forderung, Maßnahmen zum Schutz der Palästinenser im Gaza-Streifen zu unternehmen. Die Verhandlung der

Beschwerde fand am 12. Januar 2024 statt. Am 26. Januar 2024 veröffentlichte das Gericht seine Entscheidung über den Antrag – es ordnete sechs einstweilige Maßnahmen an:

»Israel muss mit allen ihm zur Verfügung stehenden Mitteln vorgehen, um die Begehung von Taten zu verhindern, die in den Geltungsbereich von Artikel II der Konvention über die Verhütung und Bestrafung des Völkermordes fallen. Israel muss sicherstellen, dass seine Streitkräfte solche Taten nicht begehen. Israel muss alle ihm zur Verfügung stehenden Mittel ergreifen, um direkte und öffentliche Anstiftung zum Völkermord an Mitgliedern der palästinensischen Gruppe im Gaza-Streifen zu verhindern und zu bestrafen. Israel muss sofortige und wirksame Maßnahmen ergreifen, um den Transfer humanitärer Hilfe und wesentlicher Grunddienstleistungen zu ermöglichen, um mit den schwierigen Bedingungen umzugehen, in denen sich die Palästinenser im Gaza-Streifen befinden. Israel muss wirksame Maßnahmen ergreifen, um die Vernichtung jeglicher Beweise zu verhindern und ihre Erhaltung im Hinblick auf Vorwürfe von Handlungen, die in den Anwendungsbereich von Artikel II (Verbot des Völkermordes) und Artikel III (Verbot der Anstiftung zum Völkermord) der Konvention fallen, sicherzustellen. Israel ist verpflichtet, dem Gericht innerhalb eines Monats über die von ihm ergriffenen Maßnahmen Bericht zu erstatten.«

So viel zu den Worten des Gerichts.

Und das schrieb der bekannte Jurist Yehiel Gutman in seiner Kolumne unter dem Titel »Ein Schlag aus Den Haag«:

»Die Entscheidung des Internationalen Gerichtshofs in Den Haag ist schwierig. Obwohl die Fortsetzung des Militäreinsatzes zum jetzigen Zeitpunkt unterm Strich nicht gefährdet ist, hat der Internationale Gerichtshof im Wesentlichen erkannt, dass offenbar die Möglichkeit besteht, dass Israel einen Völkermord im Gaza-Streifen begeht.«

Es ist schwierig, eine solch weit hergeholte Entscheidung, die jeglicher Beweisgrundlage entbehrt, zu akzeptieren.

Israel, der Staat des jüdischen Volkes, der aus den Schrecken des fürchterlichsten Völkermords der Menschheitsgeschichte entstanden ist, der sich gegen eine mörderische Terrororganisation wehrt, die offen erklärt, dass sie einen Völkermord begehen will und Völkermord und Kriegsverbrechen begangen hat, wird des Völkermords beschuldigt. Wie absurd!

Trotz der Absurdität erschien Israel sehr zu Recht vor Gericht, um seine Verteidigung zum Ausdruck zu bringen. Israel darf die Bühne nicht verlassen, wenn ihm solch schwerwiegende Vorwürfe gemacht werden. Die rechtliche Hürde, den Vorwurf am Ende des Verfahrens nachzuweisen, ist sehr hoch.

Südafrika muss Israel die Absicht nachweisen, einen Völkermord zu begehen. Viele Todesfälle während Kriegseinsätzen stellen im Allgemeinen keinen Völkermord dar. Leider gibt es in jedem Krieg auch Zivilisten, die durch die Kriegshandlungen zu Schaden kommen. Um einen Völkermord zu beweisen, ist eine bewusste Entscheidung von höchster politischer Stelle notwendig. Es muss eine systematische Aktion nachgewiesen werden, die auf die Vernichtung eines Volkes abzielt.

Es versteht sich, dass es in den Entscheidungen der israelischen Regierung und in der IDF-Anordnung keine
Beweise gibt, aus denen wir die Absicht eines Völkermords
ableiten könnten. Es gibt keine IDF-Befehle, die implizie-
ren, dass Zivilisten vorsätzlich getötet werden sollen. Die
IDF achtet sorgfältig auf die Wahrung des Unterschei-
dungsprinzips, das den Eckpfeiler des Kriegsrechts dar-
stellt und demzufolge nur militärische und keine rein zivilen Ziele angegriffen werden. Es ist selbstverständlich, dass
die Hamas versucht dies auszunutzen und innerhalb der
Zivilbevölkerung Schutz sucht. Solange der Schaden in einem angemessenen Verhältnis zum militärischen Ziel steht,
entsprechen die Angriffe den Regeln des Völkerrechts.

Der Versuch, sich auf Aussagen zu stützen, von denen einige im Moment des Zorns unmittelbar nach dem
schrecklichen Massaker gemacht wurden, ist bedauerlich
und entspricht keinem akzeptablen Standard der Beweis-
erhebung.

Und tatsächlich lehnten am Ende alle Richter den Antrag Südafrikas ab, einen vorläufigen Waffenstillstand an-
zuordnen. Das Gericht erließ – wie oben dargelegt – sechs
allgemeine Anordnungen.

Tatsächlich erkannte das Gericht Israels Recht auf
Selbstverteidigung an. Artikel 51 der UN-Charta besagt,
dass »nichts in dem geltenden Vertrag das inhärente Recht
auf individuelle oder kollektive Selbstverteidigung be-
einträchtigen darf, wenn ein bewaffneter Angriff auf ein
Mitglied der Vereinten Nationen erfolgt«. Es besteht kein
Zweifel daran, dass die israelischen Aktionen im Gaza-
Streifen als Reaktion auf die mörderischen Massaker der

Hamas begonnen haben und dass es sich hierbei um einen grundlegenden Akt der Selbstverteidigung handelt.

Südafrika versuchte zu argumentieren, dass die Aktionen gegen die Hamas nicht unter das Recht auf Selbstverteidigung fallen, doch das Gericht akzeptierte diese unbegründete Position nicht.

Israels Ziel ist es, die Anfangsphase des Verfahrens mit relativ geringem Schaden abzuschließen, aber insgesamt ist die Entscheidung der Richter schwierig und der Imageschaden für Israel und möglicherweise auch der juristische Makel in der Zukunft könnten erheblich sein.

Die Debatte in Den Haag faszinierte und bewegte die öffentliche Meinung in Israel und wird sie noch lange beschäftigen, aber im Moment ist sie nicht das wichtigste und dringendste Thema.

Der Doppelkrieg im Gaza-Streifen und zunehmend im Südlibanon bis zur Nordgrenze Israels lässt Israel nicht los. Der Südlibanon muss dabei viel härtere Schläge von Israel hinnehmen, als Israel von dort erleidet. Bis Ende Februar hatte Israel wegen der Angriffe aus dem Libanon nur vereinzelte Opfer zu beklagen. Im Südlibanon wurden etwa dreihundert Hisbollah-Mitglieder getötet. Dort wurden viele schiitische Siedlungen, der demografische Kern ihres charismatischen Führers Nasrallah, massiv zerstört. Aber wie bereits erwähnt, haben Zehntausende Israelis fast alle ihre Siedlungen im Norden des Landes aufgegeben und sind innerhalb Israels zu Flüchtlingen geworden. Es stimmt zwar, dass weder Israel noch die libanesischen Schiiten ihre volle Kraft in diesem Kampf eingesetzt haben, zumindest bis diese Zeilen im März geschrieben wurden.

Israel engagiert sich militärisch im Gaza-Streifen und ist an einem Krieg im Norden ohnehin überhaupt nicht interessiert. Auch die Hisbollah ist zumindest im Moment nicht auf Krieg mit Israel aus. Tatsache ist, dass sie die etwa 160.000 technologisch hochentwickelten Raketen, die sie vom Iran erhalten hat, nicht einsetzt. Und das trotz des Drucks, den die Iraner und die Hamas auf sie ausüben. Nasrallahs südlibanesische Schiiten tun, was ihrer Meinung nach das Mindeste ist, was sie tun können, um auf den Druck ihrer Wohltäter und Verbündeten zu reagieren.

Aber bekanntlich entwickeln sich Kriege oft ungeplant, wenn sie ihre eigene Dynamik entwickeln. Derzeit halten die Amerikaner die Hisbollah auch mit ihren in die Region entsandten Flugzeugträgern zurück. Aber wie lange noch?

Zum Zeitpunkt des Schreibens dieser Zeilen kann niemand vorhersagen, wie sich der Krieg entwickeln wird, weder im Norden an der israelischen Grenze zum Libanon, noch im Süden an der Grenze zum Gaza-Streifen. Und das ist noch nicht alles: In der Westbank (Judäa und Samaria) steigt die Gefahr eines allgemeinen Ausbruchs, eines groß angelegten Aufstands, der einen Einsatz der israelischen Armee erfordern wird, wie wir ihn dort noch nicht erlebt haben. Dies zu einer Zeit, in der die Armee hauptsächlich mit der Gaza-Front und an der libanesischen Grenze beschäftigt ist. Damit nicht genug: Iranische Milizen operieren auch im Nordosten Israels an der Grenze zu Syrien. Diese beschäftigen die Armee und insbesondere die israelische Luftwaffe.

Israels längste und empfindlichste Grenze ist die Ostgrenze zu Jordanien. Ein großer Teil davon besteht in der

Grenze zur Westbank (Judäa und Samaria), die bekanntlich brodelt und wo die Gefahr einer Explosion besteht. Bis 1967 war dieses Gebiet, in dem etwa drei Millionen Palästinenser lebten, Teil des Königreichs Jordanien. Viele von ihnen und ihre Familien sind heute Bürger Jordaniens und beobachten mit Spannung, was mit ihren Verwandten auf der Westseite des Jordans geschieht. Natürlich verfolgen sie mit großer Aufmerksamkeit, was mit den Palästinensern im Gaza-Streifen passiert, aber auch und noch viel mehr beschäftigt sie das zunehmende Leid der Bewohner der Westbank. Und wie werden sie reagieren, wenn dort ein großflächiger Aufstand ausbricht? Die jordanische Regierung hat kein Interesse an einem Konflikt mit Israel. Aber was wird der König tun, wenn sich die Stimmung unter der Bevölkerung Jordaniens, die heute überwiegend palästinensischer Herkunft sind, erhitzt? Offener Widerstand gegen die Mehrheit seines Volkes würde seine Herrschaft gefährden! Und wenn ein groß angelegter Aufstand in der Westbank zu einer Änderung der Position Jordaniens führt und »es auch zu unseren Feinden zählen wird«, was wird dann mit Israel passieren? Ein Krieg an mehreren Grenzen und ein Aufstand innerhalb seines Herrschaftsbereichs? Niemand kann heute ahnen, was dann in der öffentlichen Meinung in Ägypten passieren wird.

Unterdessen werden die Beziehungen zu den Vereinigten Staaten immer komplizierter – mit der Macht, auf die Israel immer mehr angewiesen ist. Israel ist auf die amerikanischen Flugzeugträger angewiesen, die vor seiner Küsten stationiert sind. Es ist auf die Amerikaner angewiesen, die den Eifer Irans zu dämpfen versuchen und Schutz bieten vor den Huthi, jemenitischen Schiiten, die, etwa 1.200 Kilometer von Israel entfernt, Israel mit iranischen Langstreckenraketen bombardieren. Es sind die Huthi, die auch versuchen, die Schifffahrtsrouten des Westens, also »Israels Unterstützer«, zu blockieren und dadurch der westlichen Wirtschaft großen Schaden zufügen. Diese müssen nun auf ihrem Weg in den Fernen Osten aufgrund der Gefahr mit ihren Schiffen den gesamten afrikanischen Kontinent umrunden, was die Transportkosten zwischen West und Ost verdoppelt. Den Preis zahlen dann die Verbraucher.

In Israel fragt man sich, warum die Weltmacht USA den Iran nicht angreift. Warum schlägt sie diesen globalen Feind nicht, bevor dieser Atomwaffen entwickelt? Die Antwort liegt natürlich am enormen Preis eines solchen Krieges für die Amerikaner und an der Erinnerung an die bitteren Niederlagen, die die Vereinigten Staaten seit dem Zweiten Weltkrieg in ihren Kriegen fernab ihrer Heimat erlitten haben.

Es ist schwierig, diese Zeilen jetzt, Mitte März 2024, fertigzustellen, da der Krieg im Gaza-Streifen und im Norden an der Grenze zwischen Israel und dem Libanon immer noch andauert. Es ist schwierig, obwohl man zumindest teilweise spekulieren kann, in welche Richtung sich der Krieg entwickelt.

Anfang des Monats veröffentlichte der einflussreiche Journalist Raviv Drucker den folgenden Artikel in der Tageszeitung *Haaretz*:

»Es ist an der Zeit, den aktuellen Teil des Gaza-Krieges zu beenden. Der Rückzug aus dem Gaza-Streifen erfolgt in

Etappen, nach und nach. Dies ist weder eine Kapitulation noch ein Verlust. Es ist ein Sieg nach Punkten.

Wir haben zwei Möglichkeiten vor uns, und es scheint mir, dass es an der Spitze der Armee, im Schin Bet oder im Kriegskabinett – außer Benjamin Netanjahu und vielleicht Yoav Gallant – keine ernsthafte Person gibt, die nicht versteht, was die bevorzugte Alternative ist. Es besteht noch nicht einmal ein enger Wettkampf zwischen ihnen.

Die Fortsetzung der Militäroperation hat folgende Vorteile: Solange sich die IDF im Gaza-Streifen befindet, besteht die Chance für eine Operation zur Geiselbefreiung und zur Eliminierung von Sinwar (dem Führer der Hamas im Gaza-Streifen) oder einem anderen hochrangigen Hamas-Mitglied. (Anfang März erst gelang es Israel, die »Nummer drei« in der Hamas-Hierarchie, Marwan Issa, zu töten.) Die Fortsetzung des Einsatzes wird es der IDF ermöglichen, die Hamas-Bataillone in Rafah aufzulösen. Die Drohung mit einer Bodenoffensive in Rafah ist ein Schlag für Ägypten, das dort härter agieren wird, und es stellt auch eine Drohung für die Hamas dar, einem Geiselabkommen zuzustimmen. Die Risiken: die Schwächung der internationalen und amerikanischen Unterstützung Israels bis hin zu Konfrontationen. Die Fortsetzung des Krieges wird zu Hamas-Angriffen in anderen Gebieten des Gaza-Streifens, zum Verlust von immer mehr Entführten und zu einer katastrophalen humanitären Krise (die Israel besonders schwer treffen wird) führen.

Der IDF ist es bereits gelungen, die militärischen Fähigkeiten der Hamas massiv zu schwächen. Die Hamas in Rafah weiter zu bekämpfen, wird keinen so großen Unterschied machen. Das Argument, dass die Übernahme der Philadelphi-Passage die Sauerstoffpipeline der Hamas abschneiden würde, ist inakzeptabel. Israel hat diese Passage viele Jahre lang kontrolliert, was die Hamas nicht daran gehindert hat, Ausrüstung und Waffen durchzuschmuggeln und Israels Anwesenheit dort auszunutzen, um Anschläge zu verüben.

Der Geiseldeal, der den Auftakt zu einem Waffenstillstand darstellen würde, besitzt folgende Vorteile: zumindest die Möglichkeit der Rückkehr der meisten unserer Geiseln; eine Normalisierung des Verhältnisses mit Saudi-Arabien und dem größten Teil der sunnitischen Welt; die Verbesserung der Beziehungen zu den USA und zu einem Teil der internationalen Gemeinschaft; die Vereinbarung einer internationalen Koalition unter der Führung der USA und unter der Beteiligung der gemäßigten arabischen Länder, in den zivilen Wiederaufbau des Gaza-Streifens einzutreten; Israel wird in der Lage sein, sich der Herausforderung im Norden zuzuwenden, die Siedlungen des Gaza-Gürtels wiederherzustellen, sich um die Wirtschaft zu kümmern und zur Normalität zurückzukehren.

Ein Zermürbungskrieg ist das, was die Hamas will. Der Traum der Terrororganisation ist, dass Israels Alltag wie der ihre aussieht. Offensichtlich wird die Hamas bei der zweiten Option verkünden, dass sie gewonnen und überlebt hat. Aber jeder versteht, dass sie einen Schlag erlitten hat, von dem sie sich nur schwer erholen wird. Israel wird sich schrittweise aus dem Gaza-Streifen zurückziehen, in der ersten Phase nur in einem Sicherheitsstreifen bleiben und verkünden, dass sein Krieg mit der Hamas noch nicht vorbei ist. Sinwar wird nie wieder das Licht der Welt erblicken. Die Optionen sind Tunnel oder Tod.

Netanjahu hat daran indes kein Interesse. Der Tag, an dem der Krieg endet, markiert den Anfang seines Endes. Mit großem Geschick verkaufte er den ›absoluten Sieg‹. Etliche haben seinen Worten geglaubt. Das Posttrauma, der Siegeshunger, die absurden Vergleiche mit Nazi-Deutschland und dem kaiserlichen Japan. Die Personen in seiner Umgebung wagen es einfach nicht, in der Öffentlichkeit eine andere Meinung zu äußern und damit als Besiegte zu wirken.

All das ist entmutigend und deprimierend. Personen verrotten in der Gefangenschaft der Hamas und sterben nach dem schlimmsten Verrat eines Staates an seinen Bürgern. Man kann die Entführten befreien. Denn jetzt steht deren Befreiung nicht mehr im Widerspruch zu den Kriegszielen. Aber der Premierminister bewegt sich nicht in diese Richtung. Es schadet seiner politischen Zukunft. Seine Kollegen im Kriegskabinett halten den Mund. Sie befürchten, politischen Schaden zu nehmen. Auf die Mitglieder des regulären Kabinetts ist wohl keinesfalls zu zählen. Sie konkurrieren untereinander, wer von ihnen extremer ist …«

Hinzu kommen unzählige Spekulationen darüber, was am Ende des Krieges oder am Ende der aktuellen Schlachten in Israel passieren wird. Viele spekulieren, dass die Demonstrationen gegen die Regierung noch heftiger ausfallen werden.

Andere sehen das Gegenteil davon, wie beispielsweise der große Schriftsteller David Grossman, in dem viele viel mehr als nur einen Schriftsteller, eine Art nationales Gewissen sehen. Dieser schreibt, dass Netanjahu und seine Verbündeten inmitten der Kämpfe ihren Einfluss auf das Land stärken werden und ihr Bemühen steigern, um ohne Wenn und Aber Israel in eine Diktatur zu verwandeln.

In dieser Situation ist es gut, sich an den Spruch von David Ben-Gurion über den Staat Israel zu erinnern: »Wer nicht an Wunder glaubt, ist kein Realist.«